あの時のわたし

自分らしい人生に、
ほんとうに大切なこと

岡野民

新潮社

誰にでも転機があり、
忘れられない、人生の「あの時」があります。
今いる場所につながる原点や、支えとなった出会い、
心に留めてきた言葉……。
どんな「偉業」を成し遂げた人たちにも、
思い悩んだ経験があり、足元の暮らしがあり、
それなくして今はない、と言える
「あの時」があります。
泣いて笑って、また泣いて、
やっと笑って思い返す、あの時のわたし。
各分野の第一線で活躍してきた女性たち、
27人に聞きました。

あの時のわたし
自分らしい
人生に、
ほんとうに
大切なこと

目次

向井千秋
イッツノットマイフライト――生きているものは何でも美しい
医師・医学博士、宇宙飛行士 10

田部井淳子
歩くことが生きること――山も楽しく、生活も楽しく
登山家 22

辰巳芳子
命の持ち運び方――人生は簡潔に
料理家、随筆家 34

黒柳徹子
象を知らない――道草
女優、ユニセフ親善大使 46

若尾文子
一途な思い――決めたこと、過ぎたこと
女優 58

中山千夏
人生に軸ができたとき――海と古代に潜る
作家 70

湯川れい子
兄からの遺言――パーソナル・ソング
音楽評論家、作詞家 82

笹本恒子
勇気を振り絞るとき――71歳からの再スタート
報道写真家 94

神沢利子
北の原野と山霊の伝説――たんぽぽさん
児童文学作家 106

鈴木登紀子
おせち料理と母の味――人生のご褒美
料理研究家 118

中村メイコ
人生これ喜劇――ひとり三役
女優 130

森下洋子
親指1本でも――何のために踊るのか
バレリーナ 142

伊藤比呂美
道行き――私は私
詩人 154

黒澤和子
乞われる人生――生まれっぱなし
衣装デザイナー 166

大貫妙子 太陽の匂い──凪に漕ぐ シンガー・ソング・ライター 178
海原純子 プロセスとオリジナル──アイ・ビリーブ・ユー 医師、随筆家、歌手 190
中満泉 一生の宝物──リーダーの勇気 国際連合職員 202
西巻茅子 子どもの絵描きさん──父のパレット 絵本作家 214
平野レミ 大きな手──風強ければ 料理愛好家 226
石内都 敵討ち──写真の向こう側 写真家 238
吉田都 やらなくてはいけないこと──心の軸 バレリーナ 250

ウー・ウェン
これも人生の出来事──よき隣人
料理研究家 262

渡辺えり
考える癖──生きる糧
劇作家、演出家、俳優 274

角野栄子
心の腐葉土──南十字星
児童文学作家 286

田嶋陽子
2000万人──あと少し
英文学者、女性学研究者 298

倍賞千恵子
負けじ魂──喜んで、忘れる
女優、歌手 310

村木厚子
第3のタイプ──負けない方法
元厚生労働事務次官 322

あとがき 334

デザイン　芝晶子（文京図案室）

あの時のわたし

自分らしい人生に、ほんとうに大切なこと

向井千秋

医師・医学博士、宇宙飛行士

イッツノットマイフライト 前編

宇宙から見る景色は
壮大で美しいものだけれど、
私の人生観を変えた「あの時」はむしろ、
宇宙に行く前。
長かった訓練の年月と
バックアップの経験。
飛べなかった時代にありました。

宇宙開発事業団が日本人宇宙飛行士を募集する、という記事を新聞で見た１９８３年、私は31歳で、心臓外科医として働いていました。小さい頃から医者になることが夢でしたし、患者さんと共に病と闘う医者は素晴らしい職業だと思っていたのですが、記事を見てふと「宇宙から地球を見たらどうなるんだろう——きっと視野が広がり、思慮深くなるに違いない」と思ったんです。それはたとえば、広々とした海を見てみたいとか、知らない国を旅してみたい、というのと同じような気持ちでした。

見たことのない景色を見たり、知らない場所で知らない人と会ったりすると、視野が広がりますよね。自分が今まで知らなかった世界を垣間見るのって、ワクワクするでしょう？　私にとって宇宙はいわば留学先のようなもので、宇宙という新しい分野を垣間見て、帰ってきたらまた医者をやればいいと思っていたんです。なぜならその「宇宙留学」は、当初、２年くらいで終わるはずだったから。

ところが、人生ってそんなに甘くはなくて、85年に宇宙飛行士候補に選出されたものの、その翌年、スペースシャトル・チャレンジャー号の爆発事故が起き、打ち上げ計画は中断。再開後も自分のチャンスはどんどん先送りされ、なんとか搭乗機会を確保したいと走り回っているうちに結局、宇宙に行くまで、２年どころか９年もかかってしまいました。

でも、その９年間って面白かったんです。

宇宙開発は国際協力なしには何事も進まない分野だから、友人が世界各国にできたし、アメリカだけではなくヨーロッパ各国にもたびたび行くことになり、それだけでも私の世界はぐっと広がりました。

すべての宇宙飛行士には「ミッション」、宇宙で行うべき使命や仕事があり、それは各飛行士のバックグラウンドによって異なります。私は科学飛行士だったので、ミッションは実験。2週間程の飛行期間中に100件近い数の実験を行うことになっていました。飛行前、訓練中の私の主な役割は研究者のもとを訪ね、話を聞くこと。宇宙で行われる実験は、各国の研究者と連携して行う委託実験のような側面があり、彼らがなぜそれをやりたいのかを知って、無重力の軌道上でできること、できないことを伝えながら一緒に実験のプランを組み立てていかなければならない。

ミジンコやメダカを専門とする人、物質が燃える「燃焼」についてずっと考えてきた人……研究者ってそのことが大好きで何十年もやってきた人たちだから、話し始めると目がキラキラと輝き、一晩中でも話し続ける。楽しそうに笑っている人を見ると、こちらまで楽しくなるのと同じように、あることに興味を持って探究し続けてきた人の話を聞いていると、こちらもどんどんそのことに興味が湧いてくる。訓練とはいえ、それは本当に楽しい時間でした。

もともと宇宙に行きたいと思った理由は、自分の視野を広げたい、ということだったのだから、その訓練の時点ですでに、目的は十分達成されていたと言ってもいい。宇宙から見る景色は壮大で美しいものだけれど、振り返ってみれば、それを見たことで私自身が大きく変わった、ということはなく、私の人生観を変えた「あの時」はむしろ、宇宙に行く前、飛べなかった時代にあるような気がします。

そして、訓練を始めて7年目、92年にスペースシャトル・エンデバー号で毛利衛さんが宇宙へと飛び立ちました。そのとき私は、「バックアップクルー」。文字通り〝予備〟の飛行士でした。

あまり注目されることはありませんが、科学飛行士の使命は飛行ごとに独特なので、宇宙に行く飛行士と同じ数、予備の飛行士が用意されています。予備とはいえ、本来飛ぶ予定の飛行士に何かあった場合は代わりに飛ぶのだから、打ち上げまでのトレーニングは真剣に行いますし、もしかしたら自分が飛べるかもしれない、という思いが最後までありますす。打ち上げ後、地上の管制塔に入って飛行士に指示をする「コミュニケーター」の役割を担うのもバックアップの飛行士たちです。

このバックアップとコミュニケーターの経験も、貴重でした。

コミュニケーターは、技術者や研究者、立場の異なるさまざまな人たちの意見をとりまとめ、「自分が今、宇宙の軌道上にいるとして、これならできる」と判断したものしか飛行士には伝えません。指示をする短い言葉の裏には、何十倍もの議論があるのだけれど、そのすべては言わない。でも飛行士は、直前まで同じ訓練をしていた仲間が言うことなのだから「こちらの状況を分かったうえで言っている」と暗黙のうちに了解する。刻々と状況が変化する中、数多くの意見を調整するのは大変な仕事です。もし私が初めから飛行だけしていたら、分からなかった苦労も随分あったと思います。自分が実際に宇宙で地上からの指示を聞いたとき、その人が言っている言葉の裏の状況まで見えるようで、宇宙での研究の醍醐味も増えました。

もちろん、あのとき飛べなかったことはがっかりしましたし、毛利さんを乗せたシャトルのブースターに火が点いたときのことは、今でもよく覚えています。

10、9、8……とカウントダウンしていく、あの秒読みが6・6秒になった瞬間、メインエンジンに点火されるのですが、それだけではまだ、コンピュータがシャットダウンしてしまう可能性もあるし、本当に飛ぶかどうかは分からない。けれど、いよいよ「リフトオフ！」というときは固体ロケットブースターに火が点き、そこから先はもう絶対に、後戻りできない。その火が点いたとき、思いました。「イッツノットマイフライト。これは私の飛行ではなかった。ならば、がんばって行ってきて！　私は下でがんばるから！」と。

2年後、私が初めて飛ぶとき、ブースターに火が点いて、振動の中、「リフトオフ！」と聞いたときは、だからこそ、嬉しかった。私のバックアップクルーはジャン・ジャック・ファヴィエというフランス人だったのですが、彼の気持ちも、痛いほど分かりました。一度自分が同じ気持ちを味わったから、察するとか推し量る、というレベルではなく、分かる。分かるからこそ、今度は自分の番、と思い切れたのかもしれません。

行ける人は、行けない人のために行くべきなんです。前に進む、という選択ができる人は、その選択肢のない人のためにも、進むべきなんです。それは私が、いつも思っていることでもあります。

向井千秋

生きているものは何でも美しい 後編

バラや百合のような
華やかな花でなくても、
道端の雑草の小さな花でも、
そこに生きて、
存在しているだけで、美しい。
医師として患者さんを見送る経験をし、
そう思うようになりました。

宇宙に行くなんて、怖くなかったですか？　とよく聞かれます。でも、どんな世界にもリスクはあります。慣れ親しんだ世界から外へ出ることを怖がっているよりも、新しい世界に挑戦する、という選択ができる人は、その選択肢がない人のためにも、前に進むべきだと私は思っています。

なぜかというと、私は医者だったので、自らの行動を選べない人たちがいるということを、よく知っているからです。がんばって病と闘ったのに、亡くなっていってしまう人たち。20代の頃、自分と同じ年頃の人が亡くなるのを目の当たりにして、なぜこの人は死んでしまうのだろう……、夢もあっただろうし、やりたいこともあったんじゃないか……、と辛くなりました。生まれてから一度も病院の外に出ることなく生涯を終える子もいます。まだ言葉もたどたどしいのに、人生を諦めざるを得ない子もいます。

それを思えば、宇宙に行くとか新しい分野の仕事をするとか、自ら道を選ぶことができる人って、「選べる」だけで幸せだと思うんです。知らない世界に足を踏み入れたからといって、死ぬわけじゃないんだから、前に進んで、やりたいことをやり抜いたほうがいい。

医学を学んでいた学生時代、そして慶應義塾大学病院で外科医として働いていた医者時代、私は患者さんとのやりとりや医者という自分の仕事を通じて、たくさんのことを学びました。そういう意味で、いまの私に至る礎は、医学生だった頃と医者だった頃に築かれたのかもしれません。

医学生の頃の出来事で印象に残っているのは、解剖実習のときのこと。目の前の解剖台にご遺体が何体か並ぶのですが、思ったのは、顔の皮がなくなれば、美男も美女もなく、人間はみな同じなんだな、ということ。そのときから私は、表面的な美しさに価値を求めなくなりました。自分の見てくれも、人に不快感を与えない最低限のことがしてあればいい。いつも同じ服だってきちんと洗濯してあればいいし、顔も汗だくでなければいい。

もうひとつ、そのとき強烈に思ったのは、生きているものは何でも美しい、ということです。命が途絶え、目の輝きがなくなってしまえば、その美しさは失われてしまう。医者になり、亡くなってしまった患者さんを朝、お見送りすることもあったのですが、見送って帰ってくると、道端の雑草の小さな花でも、本当にきれいに輝いて見える。生きているものは何でも美しい。バラや百合のような華やかな花ではなくても、そこに生きて、存在しているだけで、美しい。つくづくそう思いました。

医者になろうと思ったきっかけは、3つ歳下の弟の脚が悪かったことにあります。いまはその脚も治り、フロリダでアウトドアのゲームフィッシングの事業をやっていますが、小さい頃は骨がどんどん弱くなって溶けてしまう難病で、装具を着け、脚を固定しなければ歩けませんでした。

弟が病院に行くときは、私も荷物持ちとしていつも一緒に行きました。母が弟を抱きかかえて連れて行く姿を見ていて、手伝ってあげたいと思ったし、それに、子どもって残酷だから、近所の子が弟をいじめるのよね。当時、弟の友達は近所で飼われていたシェパードで、歳をとって腰をダメにしたのだったか、その犬も、歩けませんでした。

弟はその犬をとても大事にしていて、犬も弟のことが大好きでした。きっと脚のことを、分かっていたんだと思います。犬って人間の悲しみや思っていることに共感するんですよね。とても大きなシェパードで、2人でお宮の石段に座っている姿を後ろから見ると、大きさがほとんど同じ。それを見ていたら切なくて、将来は病気で苦しんでいる人を治す医者になりたい、と強く思いました。

医者になるためにはどうしたらいいのか——そのためには、大学の医学部に行かなければダメだ、医学部で入学が一番難しいのは東大で、そこに多く入っているのは東京の日比谷高校だな、日比谷高校は公立だから、その地域に住まないと入れない——ということで、考えに考えた結果、私は中学校3年生のときにひとり親元を離れ、東京は品川区の学校に転校しました。下宿先は、たまたまその地区に住んでいた知り合いの老夫婦の家でした。

医者になるために、たくさん努力をしたし、宇宙飛行士になるためにも、もちろんたくさんの努力が必要だったわけですが、その努力って、目標を達成したい気持ちさえ強ければ、周りが思うより大変ではないんです。一番辛いのは、目標が見つけられないとき。漂っているだけの漂流船の状態が、精神的に一番苦しいのではないでしょうか。目標が見つかってしまえば、道筋は見えてきます。まず何をしなければならないのか、次は何を、準備はいつまでに、とそこに向かっていく努力は、本人にとって、楽しみでもあります。

目標は大きなものでなくてもいい。「味噌汁を美味しく作る」でもいいし、「ぐちゃぐちゃの家の窓辺を片付ける」でもいい。片付ければ明日は朝日があたるかなあ、なんて思うと、やってみたい気持ちになるし、どんなことでもやり遂げると達成感がある。そういう小さな挑戦みたいなことを積み重ねていくと、目標を見つけやすくなるんじゃないかと思います。

実際に私は、テレビで「料亭の味噌汁のダシの取り方」なんてやっていると、お、その取り方は知らなかったぞ、と思って、やってみたりするんです。どんなことも、自分が知らなかった新しい「何か」の良し悪しをその場で無下にジャッジせず、試してみる。で、その新しい「何か」を10個試すと、8個くらい、ダメなんです。味噌汁のダシで言えば、結局、その人じゃないとうまく取れない、とか、やってみたけどまずかった（笑）とか。でも、10個のうち2個くらいは、やって良かった、と思うものがある。
　レストランでも知らないメニューがあると試しに必ず頼むようにしています。これも10回やると8回くらいは失敗。食べたことがあるもののほうが美味しかったな、ということになる。でも、2回くらいは「こんな美味しいものを知らなかったなんて、生涯損をするところだった！」というものに出合える。それもある意味、慣れ親しんだ世界から出るための手段のひとつだし、人生をより楽しむための挑戦のひとつ。自分が見つけた目標に向かって、今日から明日へ、朝起きるのが楽しみになればいいんだと思います。

前編
「暮しの手帖」第4世紀78号
2015年10-11月号
後編
「暮しの手帖」第4世紀79号
2015年12-2016年1月号

むかい・ちあき
1952年、群馬県生まれ。医師・医学博士。アジア初の女性宇宙飛行士。9年の訓練を経て、搭乗科学技術者として94年にコロンビア号に、98年にディスカバリー号に搭乗。宇宙医学の研究・教育に尽力し、2015年に東京理科大学副学長に就任。16年より特任副学長。同大学研究の国際化、女性の活躍を推進する任にあたる。

登山家

田部井淳子

歩くことが生きること 前編

山登りは競争ではありません。
そして、選手交代もありません。
自然と対峙し、自分と対峙して、
どんな山でも、一歩一歩。
頂上から見る素晴らしい景色は、
自分の足で最後まで歩いてこそ、
見ることができるのです。

「あの時」がなければ今の私はない、と思う一番の出来事は、小学校4年生の夏、初めて山に登ったときのことです。昭和25年（1950年）、ちょうど10歳のときのこと。受け持ちの先生が「自分は山登りに行くけれど、行きたい人は連れて行くぞ」と言ってくれて、友だちと一緒に私も参加することにしました。

当時は戦争が終わってまだ間もなく、食べることもままならない時代。家族旅行はもちろん、ハイキングにも行ったことはありませんでしたが、親も先生と一緒なら、ということで許してくれたのでしょう。泊まるのは旅館といっても、食べ物を自分たちで持って行かないと泊めてくれなかったので、着替えや毛布、自炊道具に加え、米をひとり2合ずつ、野菜も味噌もザックに入れて持って行ったのを覚えています。

山は栃木県那須山系の茶臼岳。その情景は今でも目に浮かんでくるくらい、私にとって強烈なものでした。

私が生まれたのは、福島県三春町。「三春滝桜」でも知られる小さな城下町で、山の上まで畑として耕されているような、緑と土が豊かなところです。私にとって、山と言えば「緑の山」。木々におおわれ、ツツジや桜が咲く、そんな山しか知りませんでした。ところが、那須は「火山の山」。行ってみたら草も木もなく、ゴロゴロとした岩ばかり。黄色い硫黄が地面にこびりついていて、ツーンとした臭いもする。川には水しか流れていないと思っていたのに、湯気が立つほど熱いお湯が流れていて、それを塞き止めただけの露天風呂もある。そして、夏は暑いものだと思っていたのに、頂上は寒く、自分たちが泊まっていた宿がとても小さく見えました。標高約1900m。そこから眺めた景色は、本当に素晴らしいものでした。

見たことのないものを見た。来たこともないところに来た。世界には、私の知らないすごいところがある——その驚きと感動は、もっともっと自分が知らないところに行ってみたい、見たことのないものを見てみたい——そんな未知の世界への強い憧れとなり、心に深く刻み込まれました。

エベレストやキリマンジャロ、アコンカグア、マッキンリー（現・デナリ）……。私はこれまで300を超える山々に登ってきましたが、茶臼岳での経験がなかったら、これほどまで山にのめり込むことはなかったでしょう。あのとき心に刻み込まれた「見たことのないものを見たい」という強い思いが、私を世界の山々へ導き、75歳になった今も、私の足を次の山へ、次の山へと運ばせるのです。

初めての山登りで感じた山の魅力のひとつに、「山登りは競争ではない」ということもあります。

私は体も小さく、子どもの頃は毎月扁桃腺を腫らして熱を出していました。体育もまったくダメ。鉄棒の逆上がりもできないし、跳び箱も飛べない。運動会の駆けっこの「よーいどん！」という、あの瞬間も苦手でした。でも、引率の先生は最初に「山登りは、よーいどん、じゃない。ゆっくりでいいんだよ」と言ってくれたのです。一緒に登った友だちはみな、運動が得意な子ばかりでしたが、おかげで、安心して歩くことができましたし、その子たちと一緒に頂上に立てたとき、がんばれば私にもできるのだ、という大きな達成感を得ることができました。

そして、山登りは競争ではないのと同時に、どんなにつらくても、「選手交代」もない。自分が行かない限り、絶対に頂上に立つことはできません。頂上からの素晴らしい景色というのは、自分の足で最後まで歩いたからこそ、見ることができるもの。その手応えの大きさも、最初の山登りで感じたことでした。

どんな山を登るときも、一歩一歩です。途上の困難を、飛び越すことはできません。観客が側で見ていて拍手をしてくれるわけでもないし、監督がずっと一緒にいてくれるわけでもない。自然と対峙し、また自分と対峙しながら、一歩一歩、進んでいくしかありません。自分の足で歩き、自分の目で見て、肌で感じて、「地球にはこんなところがあるのか」と、確かに得たその驚きがまた次への原動力となり、私はこれまで何十年も山を歩き続けてくることができました。

それにしても、この「歩く」ということ、2本の足を動かして前へ進むということ、しかも、それを長時間にわたって続けるということ。人間は、他の動物にはない、なんて素晴らしい機能を持っているのだろうと、つくづく思います。

他の動物とは異なる「人間の最大の特徴」は何かと聞くと、「笑う」とか「考える」と答える方が多いのですが、私が思う最大の特徴は、この「2本の足で長時間歩ける」ことに尽きます。8000mを超えるような高い山でも登ることができたのは、長時間、ときには1日10時間近くでも歩くことができたからです。

これだけ優れた機能を持って生まれてきたのだから、十分に使いきって、人生を楽しみたいですね。私は随分たくさんの山に登ってきたので、病気にならない強い女性だと思われがちですが、67歳のときに乳がんが、73歳のときに腹膜がんが見つかりました。腹膜がんの治療をしている最中には、一度座ったら立ち上がるのすら面倒だと思うほどしんどいときもありましたが、でもやはり、家の中で寝ているだけではダメです。外を歩き、やっとの思いでも足を上げて山を登っていくと、風景は変わり、風も感じられて、気持ちの満足度がまったく違ってきます。

抗がん剤での治療中も点滴の合間をぬって、毎週国内の山々に出かけました。治療が終わってからはバングラデシュを皮切りに、イギリス、ドイツ、チェコ、オーストリアなど海外の山々にも登っています。そんなに出歩いて大丈夫ですかと、みなさんから心配されることも多いのですが、私にとっては何も特別なことではないんです。歩くことが生きること。病院の先生からも「あとはできるだけ普通の生活をしてください」とお墨付きをいただいています。私にとって「普通の生活」とは、山に行くことです。

生きているうちは歩きたいし、歩けるうちは、行きたいところに行こう、と思っています。足取りは、今までよりずっと、ゆっくりになりました。でも、ゆっくりでもいいんです。山登りは、「よーいどん」の競争ではないのだから。遅くても、一歩一歩進めば、必ず頂上に立てる。

山も楽しく、生活も楽しく 後編

田部井淳子

人は必ず死ぬのです。
やりたいことをやり、
そして、いつか必ず死ぬ
そのときに、
ああおもしろかった、
やるだけやった、
生まれてきてよかったと思いたい。

10歳のときに登った那須・茶臼岳を原点に、私はこれまで、世界70ヵ国以上、30
0を超える山々を歩いてきました。「女子だけで海外遠征を」を合い言葉に30歳で女子登攀《とうはん》クラブを設立、ネパールのアンナプルナⅢ峰とイランのダマヴァンドに登頂した後、35歳のとき、「エベレスト日本女子登山隊」のひとりとして、世界最高峰8848mのエベレストの頂上に立つこともできました。

山に登ったおかげで、私はたくさんのことを経験し、そこからまた、たくさんのことを教えられてきました。

女同士で遠征し、エベレストまで行って帰ってくる間には、意見の食い違いや対立が起こることもありました。酸素は薄く食事も限られていて、肉体的にも精神的にも厳しい状況の中、女ばかり十何人も集まって行動するのですから、普通の海外旅行では味わえないような、いろいろなことがあります。私は副隊長という立場にいましたが、和を保つことの難しさ、人の意見に左右されず、判断することの大変さもよく分かりました。

30代の当時は、意見の違う人に対して、なぜこの人は同じ気持ちになれないんだろうと悩んだり、その発言に驚き、悲しんだりしましたが、その後登山を通してさまざまなことを経験するにしたがって、たとえ同じ志を持っていても、物の見方は人それぞれなのだと受け止められるようになりました。

山で学んだことは、日常生活にも活かせます。女ばかりでなくたって、エベレストのような極限状態でなくたって、人間が10人、20人と集まれば、自分が思っていることとまったく反対の意見を持っている人もいるものです。そんなとき一番大事なことは、かっとならずに、「間を置く」ことです。思いもよらない言葉に出合っても、なるほど、そういう考え方もあるんだと、まずは「聞き置いて」事を進める。たとえ相手の意見と合わなくても、そのほうが、自分の中で納得して前へ進むことができます。

山に登ったことで、人の死も知りました。

20代後半、岩山に登り始めて間もなく、さっきまで元気だった人が、あっという間に動かなくなってしまうのを、目の前で、現実として見ることになりました。自分の登山パートナーだった人を山で亡くすことにもなりました。そんな経験をする中で知ったのは、人は必ず死ぬのだ、ということ。人はいつか必ず死ぬ。土に戻る。私自身もいつか必ず死ぬ。それは、身内の死に触れて知るよりも強烈に、20代のあの頃、私の中に刻み込まれました。

でも人は山だから死ぬわけではありません。不可抗力の事故というのは、むしろ都会にこそ多いものです。当たり前だと思って日々過ごしていても、1時間先に何が起こるか分からない。今日一日を無事に過ごせるとは限らない。若い頃、夫はバイクで通勤していたのですが、事故を起こさずにちゃんと帰ってくるという保証はないわけですから、朝、出かけるときの言葉が最後の言葉になっても後悔しないように、できるだけ気持ちよく送り出そう。そう思うようになりました。

夫に対しても子どもに対しても、そして誰に対しても、何が最後の言葉になるか分からない。毎日毎日、思い詰めているわけではないけれど、できるだけそういう思いでいよう、というのは、山に登ったからこそ、若い頃から私の中に根付いた信条です。自分にがんが見つかってからは特に、日々、この毎日というものを、いつが最後でもいいと思えるものにしていきたいと考えるようになりました。今はもう病気はそれほど深刻ではないのですが、一時は余命3カ月などと医者に言われたりして、自分のやりたいことや目標が、改めてはっきりしたところがあります。

人が死ぬ前に残せるものといったら、お金などではなく、毎日の生活の積み重ねである「自分の歴史」しかありません。キラキラと輝いた瞬間、ああよかったなあ、すごかったなあと思う体験や経験が積み重なり、その歴史はより厚みを増すのだと思います。だから、これをやりたい！　と思うことがあれば、これからもどんどん積み重ねて、より密度の濃い歴史を残したいと思います。そして、いつか必ず死ぬそのときに、ああ、おもしろかった、やるだけやった、生まれてきてよかった、と思いたい。

がんが見つかった2012年に、「東北の高校生の富士登山」という新たな取り組みを始めました。前年の東日本大震災で大きな被害を受けた東北の高校生たちに、日本一高いところの空気を吸ってもらいたいと考えたのです。私が山から教えてもらった最も大切なことは、「一歩一歩登っていけば、必ず目標は達成できる」ということ。それを、高校生たちにも実感してもらいたい。多感な時期に想像もつかないような辛い体験をした若者の中には、未来に希望を持てず、自信を失ってしまっている人もたくさんいます。そんな彼ら、彼女らにとって、富士山登山での「一歩一歩」は、これからの大きな力になると信じています。これまで250人以上を頂上に連れて行きましたが、なんとか1000人連れて行くまで続けたいと思っています。

病気になって、変わったことと言えば、以前よりずっと「自分優先」になりましたね。元気な頃はちょっと無理なことを頼まれても、いいよいいよ、と引き受けてしまっていましたが、今は自分が本当にしたいこと優先。楽しい計画はいくらでも考えられるもので、次から次へと浮かんできます。

山登りと花火大会をセットにして計画したり、その地域でしか見られない伝統芸能を見て帰ったり。今までは山一筋の直行直帰、家に帰れば用事が待っていて、それをこなすのでせいいっぱい。日本には山がいっぱいあるのは知っていましたが、気付けば、その山の下には温泉があるではありませんか！　下山して一泊、ゆっくり過ごして地域の人たちと交流するようになると、その縁が広がってまた他の地域の人たちと繋がる。楽しいことずくめです。70歳を過ぎると友だちはできないと言いますが、私はむしろ逆、最近になって交遊関係がどんどん広がっています。
昨年は初めて新潟県の小千谷の花火大会を見て、翌日には八海山にも登りました。まだまだ、知らないことはたくさんあって、山以外にも、見るところはあるものですね。せっかく生きているのだから、なんでも楽しんだほうがいい。山も楽しく、生活も楽しくです。

田部井淳子
山も楽しく、
生活も楽しく

たべい・じゅんこ
1939年、福島県生まれ。登山家。世界初女性エベレスト登頂者。世界初女性7大陸最高峰登頂者。76カ国の最高峰・最高地点に登頂した。『タベイさん、頂上だよ』『それでもわたしは山に登る』ほか著書多数。2016年逝去。「東北の高校生の富士登山」は、本人の遺志を引き継ぎ一般社団法人田部井淳子基金主催で現在も続いている。

前編
「暮しの手帖」第4世紀76号
2015年6-7月号
後編
「暮しの手帖」第4世紀77号
2015年8-9月号

料理家、随筆家

辰巳芳子

命の持ち運び方 前編

自分の身体を、心の動きを、
今日から明日へと持ち運ぶ。
その日その日、一日一日、
命を養うはずのものを
正しく調理し、正しく食べる。
真心に込め方があるように、
命には、持ち運び方があるのです。

何が今の私を形づくったのかといえば、祖父と、それから父と母の影響というのが、やはり一番大きく、決定的であると思います。あの時の祖父の眼差し、あの時の父の姿、そして、あの時の母の言葉……。

母に言われて特に心に残っているのは、「真心には込め方がある」ということです。私はこの言葉を、忘れたことはありません。女学校の頃のことです。母から「お客様がいらっしゃるからお掃除をお願い」と頼まれたことがありました。母の要求の高さは十分に承知していたので、それはもう念入りに、一通り掃除をしてからもう一度するくらいのことをして、これなら「ありがとう」と言ってもらえる、と待っていました。そうしたら母は、「あなたは真心の込め方を知らない」と。なぜか。私は蚊帳の釣り手を外すのを忘れてしまっていたのです。我が家の釣り手は鴨居にピタリと付いていて、一見では気づかないような特殊な形状の金具なので、掃除をしていても特に気にはなりませんでした。でも母は、「今日いらっしゃるお客様が自分のお客様だったら、あなたは必ず釣り手を外したはずだ」と。

あの時、真心が「ない」とか「足りない」と言われていたら、ぺしゃんこになっていたでしょう。それを「込め方を知らない」と言ったのがなんとも母らしく、意味深かったと今も思います。母はすべてのことに「心の込め方」を当てはめた人でした。どんなことにも、何にでも。だから人の必要にピタッと当てはまる「手当」のできる人でした。

たとえば、父の酒のさかなでも、なんでもない、人が顧みないようなものを使って、酒飲みが喜ぶ一品をつくったものです。大根の外側の粗い葉っぱを、低温でパリッと揚げる。それを砕いて大根おろしと混ぜると、どんな辛い大根でも油が与えられて辛みがとんで、ちょうどよく食べられる。それもひとつの、手当の方法です。お料理というのは、心を込めないと、本質が見つけられません。そしてまた、本質に対する自分の手当があっているか否か、その検証の繰り返しがお料理であり、美味しさというのは、それでしかつくれないものなのだと、私は母の姿から学びました。

こんなこともありました。父が日支事変に召集された時、鉄砲を背負うのが少しでも楽になるようにと、母は真綿で肩当てをつくって持たせました。鉄砲って、重いんです。完全軍装ともなれば八貫目、30キロ以上を背負って歩かなければならない。父はその時、40歳を過ぎていましたし、普段は事務方。肩当てがあるのとないのとでは、身体の負担が随分と違ったのではないでしょうか。

我が家に伝わる鰹節のでんぶも、父が日支事変に応召した時に生まれたものです。父が戦地から送ってきた絵手紙にお蕎麦が描かれていましてね。母はなんとか父にお蕎麦を食べさせたい、喜ばせたいと思ったのでしょう。鰹節をかきにかいて、手で揉んで、つゆの味を染み込ませたでんぶを練り上げました。それを戦地に、乾麺や海苔とともに送ったのです。お湯をさしたら直ちにお蕎麦つゆになります、と。インスタント食品なんてまるでない時代に、です。父がひとりで食べることはないと知っていましたので、つくったのは隊の全員分。「こんなに送ってきて、所帯の暮らしは大丈夫なのか」と言われたとか。大変だったと思います。でもそれが、母の身についた「心の込め方」でした。

そんな母の言葉を受け取ったあの時から、今度はそれを自分のものとして、私は「自分なりの心の込め方」を育ててきました。育てるって、大事ですね。結局、自分の中にあるものしか、自分を育てられない。自分の命は、自分の命しか育ててはくれない。あなたらしくおなりになるためには、あなたの命しか、そのお手伝いはできないのです。そして、何にも増して大事なのは、良いと思うことを育て「続ける」こと。続けるということは、祈り以外の何ものでもありません。

もうひとつ、私の人生で決して忘れられないことに、聖心女子学院時代に見た、シスターの姿があります。当時、私が毎日通っていた通用門のすぐ側に、修道院の洗濯場がありましてね。毎朝、ひとりの修道女が靴下を洗っているんです。たらいに洗濯板を差し込み、靴下を置いて石鹸を塗っている。塗っては横に積み、塗っては積み上げ、すべて塗り終えたら一気に洗っていくのでしょう。授業が終わり帰る頃になると、今度は干場のところに、黒い靴下がコンブを下げたようにずら一っと干してある。毎日毎日ただその繰り返し。親兄弟と離れて異国に来て、お祈りはあるかもしれないけれど、修道女の生活ですから娯楽というものは特になく、ただひたすらに「隠れた仕事」だけなさる。その姿はピタッと私の身体にこびりついたみたいに離れなくなりました。そしてその後、私の15年にも及ぶ長い結核の闘病生活を支えてくれたのは、このシスターの姿でした。

療養生活も十数年に及んだら、病気の相手をするのは尋常のことではありません。友人とも、距離ができます。みんなが自分のもとを離れていくような気持ちにもなります。そんな時も、シスターの姿は、私の側を絶対に離れず、ともにありました。

本で忘れられないのは、テレーズ・マルタンの自叙伝です。日本ではあまり知られていませんが、ノルマンディの小さな町に生まれ、24歳の若さで亡くなった聖女。その方の生き方も、私に影響を与えました。そして、病の終わりがけ、心の内側の闘いがとても多かった時、最後に私の相手をしてくれたのは、ヴィクトール・フランクルが強制収容所での体験をもとに著した記録文学、『夜と霧』でした。

あの頃、生きることに対する実感としてあったのは、「耐える」というよりも、命を「持ち運ぶ」という感覚です。身体を、自分自身の心の動きを、今日から明日へと持ち運ばなければならない。その日その日、一日一日と、自分の命を持ち運ばなければならない。その「持ち運び方」が、今、みなさん、とても下手なのではと感じます。

私たちはまず第一に、生物としての人間を知らなければならない。生物学的に自分がどういう生き物であるのか、客観的に見られるようにならねばならない。そしてまた必ず、命を養うはずのものを食べていかなければならない。贅沢である必要はないんです。でも必ず、命を養うはずの米を食べる。農薬で汚れていない麦を食べる。生き物として食べていいものを正しく調理し、正しく食べる。真心に込め方があるように、命の持ち運び方にも方法があると、私は思います。

辰巳芳子

命の持ち運び方

人生は簡潔に　後編

辰巳芳子

人生における簡潔さは
正義によって育まれ、
正義は、愛によって貫かれる。
愛のない正義ほど、
恐ろしいものはありません。
日々を支えるのは、そんな本当の哲学。
暮らしの思想です。

私が人生の最初にもっとも影響を受け、そしてもっとも信頼した相手は、祖父・辰巳一《はじむ》でした。祖父は、私が5歳のときに亡くなったのですが、それまでに祖父が私を相手にした、その相手の仕方、私というものを扱ってくれた、その扱いというのは、とても深く、大きな愛情に溢れたものでした。

幕末の金沢藩に生まれた祖父は、13歳の時に藩校から選抜されて、里程150里を苦労して渡り、横須賀にあった製鉄所黌舎《こうしゃ》に入りました。当時、幕府はフランスと仲が良く、レオンス・ヴェルニーという技師らをフランスから招いて、製鉄所と造船所を開設しました。祖父も彼らから、造船に必要な基礎的近代科学を学んだといいます。そして、20歳でシェルブールの造船学校へ留学、船の造り方や機械の使い方を覚え、帰国後は日本海軍の造船大監になりました。その後、日清戦争に備えて、国の命を受けてまたフランスに赴き、軍艦を建造します。そうこうするうちに、日本は今度はロシアと戦争をすることになりました。その頃、ロシアとフランスは同盟国です。となると、親仏派の人間は危険人物と見なされたのでしょう、祖父は国によって現役を退かされることになったのです。

辛かったと思います。13歳から親元を離れて一心に打ち込んできた仕事や知識を向ける先を失い、それまでのすべてを取り上げられてしまったのですから。身を切られる思い、死に匹敵する無念であったのではないでしょうか。その後、2人の妻に死なれ、病気で亡くなった子どもも４人いたと聞いています。

あたりまえの幸せ、あたりまえの安定、あたりまえの平和をもって人生を生きるということが、いかに難しいものであるか。祖父がそれを口にしたことはありませんでしたが、難しいことと骨身に沁みて知っていたからこそ、どうかその「あたりまえの幸せ」を生きることができるようにと、祈るような思いで、私を見ていてくれたのだろうと思います。やはり、人の一生に影響を与えるようなことというのは、尋常な経験から生まれるものではないのですね。祖父のその祈りの眼差しの深さを、子どもながらに私は感じ、祖父という存在を自然と自分の心の深いところに置いて、生きていたのだと思います。

だから5歳の時に祖父がいなくなってしまってから、私の心はさまよってさまよってね。自分の魂の中心を失ってしまったようになってしまいました。

今でもよく、覚えていることがあります。叔母と麦畑で隠れんぼをして遊んでいた時のことです。ちょうど麦の穂が出る頃で、風が唸ったんです。麦畑を吹く風って、唸るでしょう。その風が自分の胸の隙間を吹き抜けていく。そして、「ああ、この風が冷たければまだ楽なのに、生暖かいからなおのこと堪え難い」と思った。胸の空っぽのところを通り抜ける風が生暖かいから苦しい、掻きむしられるようだ、と。あの時、私は10歳でした。

表向きはニコニコ笑いながら走り回っていたから、私がそういう辛さを心に抱えているとは、きっと誰にも分からなかったと思います。でも、子どもの悲嘆というのはとても純粋で、もうそれしか世界にないというくらい、苦しいものなのです。

祖父の代わりに一体何を自分の中心にするべきか。それからしばらくの間、探し続けたけれど、どの人も、どんなことも、自分の中心に据え置くまでには至りませんでした。祖父にあって、他になかったもの、それは「無私」だったと思います。結局私は、無私の愛を探して、探して、探し続け、十字架によって示されたことにそれを見出し、キリストに対する信仰を持つようになりました。

父・辰巳芳雄は、くどくどと言葉にして何かを言って聞かせるようなことはありませんでしたが、そんな父がよく口癖のように言っていたのは「人生は簡潔に」。淡々と、その通りに生きた人でした。

そしてまた父は、平等で、正義を持った人でもありました。大成建設という会社の常務を長くしておりましたが、建設業界についてまわるはずのさまざまな表裏の駆け引き、そういったことに一切ひっかからないで生きることができました。非常に用心深く、気をつけて、政治家や興行関係者に近寄らず、そういうことに陥らないようにしたのだと思います。それはとても、賢いことだったと思います。

仕事は事務方でしたが、建設現場のこともよく知っていて、「セメントの袋を10袋振ると、1袋分くらい浮くんだよ」と言って、まだ粉が中に残っている使用済みのセメントの袋を、自ら、年中ふるっていた。そんな人でした。

昔の建設現場は、猫車にシャベル片手の手作業。大きな工事ともなれば、事故もあるし、怪我人がたくさん出ました。だからとにかく現場の人を敬うということは、父の身についたことで、自分の月給を使って彼らの労をねぎらったものです。

こんなエピソードがあります。母には、「ボーナスは出ない、あの地下鉄工事が終わるまでは出ない」などと言っていたのに、ある日、会社の方がいらして、母の前で「辰巳さん、地下鉄工事のボーナスは良かったなあ」と言ってしまった。父はそのボーナスも、現場で働く人たちへのねぎらいに使ってしまっていたのね。母は驚き、そして父は、とても困ってしまった(笑)。

本当に、いい親でした。父も母も。最期まで仲が良くてね、父は母・辰巳浜子のことを「はまこう、はまこう」と呼んでいました。父は台所に入ることはなかったけれど、母が料理をしているといつも、入り口のところに立って、着物の帯に手を入れて、「あ、なんかいい匂いがするな」なんて言って見ていました。その姿は、愛に満ちたものでした。

「人生は簡潔に」。この「簡潔」というものは、根底に正義がなければ育たない。そして正義というものは、愛と同義だと私は思います。本当の正義は愛がなければ貫けない。愛のない正義ほど、恐ろしいものはありません。そういう本当の哲学こそが、「暮らしの思想」となって、日々を支えることができる。根底に思想があれば、無理やり、やみくもに手足を動かすことがなく、心もとても楽になる。「人生は簡潔に」という、父のこの言葉は、私の暮らしの思想、そのものでもあります。

前編
「暮しの手帖」第4世紀74号
2015年2-3月号
後編
「暮しの手帖」第4世紀75号
2015年4-5月号

たつみ・よしこ
1924年、東京都生まれ。料理家、随筆家。料理研究の草分け的存在であった母・辰巳浜子、料理人・加藤正之らに学ぶ。日本の食文化、食と命の関わりを提言し続け、『あなたのために――いのちを支えるスープ』など著書多数。「良い食材を伝える会」「大豆100粒運動」をはじめ食を通した社会活動にも多く携わる。

黒柳徹子

女優、ユニセフ親善大使

象を知らない 前編

私は、自分を恥じました。
世界の子どもたちが
こんなにも困っていることを、
「知らなかった」。
いかに、自分が物事に関心を
持たずに生きてきたか。
すごく恥ずかしかった。

自分の人生の中で強く影響を受けた出来事といえば、やはり、ユニセフですね。50代の初め、1984年にユニセフの親善大使になり、初めてアフリカの子どもたちに会ったときのことは今でも忘れられません。

その頃、アフリカの深刻な干ばつによる食糧危機は「アフリカの飢え、アフリカの飢え」とテレビでも盛んに報じられていました。でも、アフリカは遥か遠い国のように思え、「きっと、近くの国の人たちが助けるに違いない」と思っていたんですね。親善大使になって、すぐどこかへ視察に行ってほしいと頼まれたとき、それでもやっぱりアフリカに行ってみたいと思い、タンザニアへ行くことになりました。タンザニアには何年もまとまった雨が降らず、子どもが毎日300人以上飢えて亡くなっていました。

私、アフリカに行けば、動物がいると思っていたんです。象やキリン、シマウマ……。でも、私は今に至るまで一度も、アフリカで動物を見たことがありません。動物園というものもないですからね、アフリカ全土でいったら、象を知らない子がほとんどだと思います。アフリカに生まれても、象を知らない。日本の子どもは、たとえ本物を見たことがなくても、テレビや絵本で見て、象を知っているじゃないですか。なのに、アフリカでは象という生き物の存在そのものも知らずに死んでいく子どもがたくさんいる。まず最初にそのことを知り、ショックでした。

次に、栄養失調の子どもに会ったんですね。キリマンジャロの近くでしたけど、6歳の男の子で、ずるずる地面を這っているんです。この子はどうしたのですか？　と聞いたら、乳児のときにお母さんのおっぱいが出なかったから、脳に十分な栄養がいかなかったのだというんです。粉ミルクなんてないし、あっても買えないから、食糧不足で母乳が出なければ、赤ちゃんは口にするものが本当に、何ひとつ、ない。身体の成長不良は後からでも回復するけれど、脳は途中で成長が阻害されてしまうと、それから先、どんなに食べさせても回復しないんだそうです。その6歳の男の子は、赤ちゃんのときに脳の成長が止まってしまったから、考えることや話すことはもちろん、歩いたり立ったりもできない。この先、運よく生き延びたとしても、ただもう、這っているしかないと知って、本当にショックでした。

そのことで、私は、自分を恥じました。何も知らず、日本でパンダだなんだと騒ぎ、いかに、いろんなことに関心を持たないで生きてきたか。もしユニセフの親善大使にならなかったら、日本でぼんやりしたまま、のんきに暮らして死んでいっただろうと思ってね、とにかく、こんなにも子どもたちが困った状況にあることを「知らなかった」ことが、すごく恥ずかしかった。

それからは、ほとんど毎年、子どもたちが一番困っているところに行き、できるだけのことをしてきました。それはひとえに、皆さんに知ってもらいたい、関心を持ってもらいたいからです。

94年、アフリカ中央部のルワンダでフツ族とツチ族の民族紛争が起こり、100万人近い大虐殺がありました。その3カ月後に現地を訪れたときのことも印象に残っています。建物に散らばった2000体もの遺体の洋服から骨が覗いていたり、骸骨が風に飛んでいたり。宿泊したホテルのいくつかの部屋には、血の臭いもまだ残っていました。

そういう場所に行って恐くないですかとよく聞かれます。でも、恐いとか気持ち悪いとは、全く思いません。それよりも、ただただ、本当に、気の毒でならない。みんな死にたくなんてなかったんです。親ならば、子どもたちはどうなるだろうと思って死んでいっただろうし、そのさ中を逃げ惑った子どもたちは、どんなに辛かっただろうと。

生き残った子どもたちの多くは、コンゴ（旧ザイール）のゴマにある難民キャンプに逃げました。飲まず食わずで1週間歩いて辿りついたら、コレラが流行っていて、そこでも随分亡くなりました。感染を防ぐために遺体をショベルカーで埋めるのですが、その遺体の山の中に子どもの顔が見えたときは、胸がいっぱいになりました。

辛くなるときはあります。でも、絶望はしません。悲惨な状況を目の当たりにして、落ち込んでいるより、困っている子どもたちのために、少しでもできることを探すほうが先でしょう？　無力だとも思いません。見たことを「伝える」ことで、たったひとりでも助けることができれば、それはすごいことだと思うんです。人をひとり、助けることなんて、なかなかできないんですから。

親善大使を30年以上続けてこられたのは、やっぱり、子どもが好きだからです。子どもはどの子もみんな面白い。なのに少年兵にされたりしたら、地獄です。南スーダンでも２０１１年にやっと新しい国が生まれたと思ったら、すぐ内戦が始まって。政治がよくないと子どもが迷惑するんです。私の子どもの頃は日本も戦争中でしたから、よく分かります。「なんで、なんで」とすぐ聞く私みたいな子でも、戦争になって「あっちに行け」と命じられたら、黙って行くしかなかった。とにかく、絶対に嫌ですね、戦争は。

東京大空襲があった１９４５年３月10日をよく覚えています。11歳でした。洗足池の防空壕から庭に出たら空が明るく、全部、真っ赤でした。その明るさで、ランドセルから出した本が読めた。夜ですよ。燃えていたのは、東に15キロ近く離れた深川のほうだったわけですが、それくらいの空襲だった。10万人もの人が亡くなったんですからね。

私ね、雷が嫌いなんです。それは、今でも、空襲を思い出すからです。空に光る稲妻は、爆撃機を照らすサーチライトを思い起こさせ、雷鳴は、ゴロゴロと爆弾が落とされる、あの音の記憶と重なります。

東京大空襲の翌日に疎開して、終戦のときは青森にいました。食べるものがなくて栄養失調になり、痩せて、体中にオデキができていました。爪の間にもできたオデキが膿んで痛くてね。栄養のあるものを食べなければ治らないと、母とふたりで疎開先の野菜をしょって、八戸の港へ行きました。「どなたか、野菜とお魚を取り替えてくださいませんか」と叫んでいたら、交換してくれる人がいて、母が煮てくれた魚を食べたら、オデキなんてすぐ治りましたよ。

戦争に翻弄され、怯え、逃げ惑い飢えて病む。もう二度と、ああいうことは、嫌なんです。ユニセフを続けてきた原点に、その思いがあるのは確かです。

黒柳徹子

思い悩み、迷うときは、
「道草」もいいものです。
1年間のお休みをもらい、
単身向かったニューヨーク。
これまでのことやこれからのことを
ぼんやりと考えた38歳のあの時、
あの時間は、今でも私の中に深く残っています。

道草 後編

38歳のとき、1年間休みをもらい単身ニューヨークで暮らしました。仕事を始めて15年ほど経ったときのことです。

私は学校を出ると同時にNHK放送劇団に入り、テレビの世界で忙しく走り続けていたので、とにかく、一度ゆっくり、休みたかった。このまま生きていくのか、いけないのか。汽車が引き込み線に入るように、今までのレールからちょっと外れて、これからのことを考えたかった。38歳はもう充分大人ですが、当時はまだ実家に住んでいて、ご飯の用意とか暮らしの細々としたことも知りませんでした。そのうえ、芸能人はとかく甘やかされるもの。このまま何も分からない大人になったら困るな、とも思っていました。

実は、渡米前、当時「暮しの手帖」の編集長だった花森安治さんに「向こうで気が向いたら、何か書いて送ってください」って言われていたんです。でも、気が向くも何も、遊んでばかりで書かずに過ごしてしまった。「締切りの期日を言うと君のかせになるといけないから」とやさしく気を遣ってくださったのですが、やっぱり、いつまでに、って言われなかったのがいけなかったのね(笑)。それがずっと心に残っています。

1971年のニューヨークで私が何をしていたかというと、メリー・ターサイという先生が主宰するブロードウェイの演劇スタジオに通ったり、ダンスや歌のレッスンを受けたり。演劇スタジオはプロの俳優だけを対象にしたところで、アジア人は私ひとりでした。

当時、ニューヨークでは俳優の8割以上が失業していました。アルバイトのためにスタジオのレッスンを早退する人がいたり、生活の安定のために結婚をする女優もいたり、ブロードウェイは相当実力がないと生きていけない、厳しい世界だということも知りました。「ちょっと可愛い」くらいじゃ呼んでもらえない。日本では当たり前のように思っていたけれど、仕事があることの有難さを、そこでしみじみ感じました。

一流のアーティストたちと知り合えたのもよかったですね。アンディ・ウォーホルや彫刻家のイサム・ノグチ。『ＬＩＦＥ』誌での活躍で知られる写真家のエリオット・エリソフォンに、振り袖姿を撮ってもらったこともありました。結局、夜は毎日どこかのパーティーに呼ばれては顔を出すような感じで、ご飯なんてあんまり自分で作らなかった気がしますけど、でもやっぱり、あの1年は、あってよかったと思います。

これは私、後で思ったんですけど、30代の終わりって、子どもを持つか、持てるかどうか、考える年頃なんですよね。もちろん個人差はあるけれど、それは、女性にとって、ひとつの節目ではある。私はあの1年間のニューヨーク生活を「道草」と言ったことがあるのですが、思い悩み、迷うときは、「道草」をしてみるのもいいものです。セントラルパークのベンチに座って、これまでのことやこれからのことをぼんやりと考えた、あのときの、あの時間は、今でも私の中に深く残っています。

ニューヨークで考えたことのひとつに、「個性」ということがあります。人気コメディドラマ「ルーシー・ショー」のヒロイン、ルシル・ボールなんて、本当に個性的で面白い女優でしたが、個性って、やっぱり、ある程度努力をしないと備わらないものだと思いますね。生まれつき云々ではなく、一生懸命勉強したものが、やがて大変な個性になるのではないかしら。歌舞伎役者でもなんでも、個性があって面白い、と言われる人は、人一倍努力し、勉強し、修練を繰り返しているものだと思います。

私だって勉強、しているんですよ。「徹子の部屋」は編集をせず、そういう意味では生放送と同じなので、それはそれは念入りに打ち合わせをしますし、事前に調べたゲストの方のことは、全部頭に入れて臨みます。クイズ番組「日立 世界ふしぎ発見！」の収録にも、しっかり勉強をしていきます。解答者は、番組から事前に漠然としたテーマしか教えてもらえないんですけど、毎回、そのテーマに関連する書籍はできるだけ読んでいくようにしています。

私が本を一番多く読んだのは、5歳から6歳のときです。あと少しで小学校に入る、というそのとき、結核菌によって関節に炎症が起きる「結核性関節炎」という病気になり、右脚を悪くして入院をしました。足先から腰までギプスでガチガチ。ベッドで寝てるしかなかったので、毎日本ばかり読んでいました。昔は漢字に全部かなが振ってあったので、志賀直哉の『暗夜行路《あんやこうろ》』なんかもね、意味は分からなくとも、とにかく読みました。

高校生のときも1日1冊は読みましたね。それまでは戦争で紙がなかったから本が手に入らなかったけれど、その頃には本屋にどんどん並ぶようになり、うれしくて、『風と共に去りぬ』のような長編も、片っ端から読みました。今は、仕事で必要に迫られて読む本がどうしても多くはなりますが、それでもやっぱり、本って面白いですね。

読書も勉強も、寝る前にはしません。そう、私、最近生活をガラリと変えたんです。以前は、夜帰宅して荷物を置いてから、ニュースを見たりお風呂に入ったり本を読んだり、寝るのは深夜2時を過ぎていたんですけど、最近は、家に帰ったら荷物をポーンと放り出して、すぐ寝ちゃうんです。というのも、夜10時から夜中の2時までは、成長ホルモンがたくさん出る「ゴールデンタイム」で、その時間に寝ないのは損だって何かの本で読んだから。夜10時頃に寝ると、夜中の2時半くらいに必ず目が覚めます。そこでパッと起きて、お風呂に入ることもあるし、テレビを見たり、書類に目を通したり、原稿を書いたり。そして朝の5時頃から二度寝します。勉強や読書をするのも、その2時から5時頃までの間です。最初の睡眠で、疲れはもうとれているんだと思いますね。気分爽快、原稿を直すのも、以前は時間がかかったけれど、今はぜんぜん、すっすっすーです。

生活をガラリと変えたのは、40年間続けてきた「徹子の部屋」を、まだ10年はやりたいと思っているからです。10年後っていったら、90歳を越えますからね、頭は相当しっかりさせていないといけないから、ゴールデンタイムには、寝ておいたほうがいいんです。二度寝の前には、顔のマッサージもします。お金をいただける仕事があって、皆さんに観ていただける。頬だって、下がってきてますけど、あがるものなら、あげておいたほうがいいと思って。

前編
「暮しの手帖」第4世紀80号
2016年2-3月号
後編
「暮しの手帖」第4世紀81号
2016年4-5月号

くろやなぎ・てつこ
東京都生まれ。女優、ユニセフ親善大使。東京音楽大学声楽科卒業後、NHK放送劇団に入団。以来、女優、タレントとして活躍。1976年にトーク番組「徹子の部屋」が放送開始。番組は2006年に第54回菊池寛賞を受賞、11年、15年、23年には「同一司会者番組の最多放送回数」がギネス世界記録に認定された。『窓ぎわのトットちゃん』など著書多数。

女優

若尾文子

一途な思い 前編

次こそは、次こそはの思いを繰り返して、
女優を続けてきました。
辞めたいと思ったことは
一度もありません。
女優の仕事をすることと、
生きることは同じ。
私にはそれしかないんです。

これまで女優を続けてきて、その原点にあるものを振り返るとき、どうしても外せないことのひとつが、溝口健二監督との出会いです。特に、映画『赤線地帯』（1956年）での経験は、私の女優人生の礎となる、貴重なものでした。

『赤線地帯』は吉原に生きる女性の哀歓を描いた作品。当時私は、デビュー5年目の23歳。男たちを手玉にとる、ズル賢くも逞しい娼婦の役でした。撮影中、何が大変だったかって、とにかく、カメラが回らないんです。10日間、毎日毎日、ダメ出しの連続。ふつう映画って、ワンシーンずつテストをするのですが、溝口先生だけは舞台のように通しで稽古をされるんですね。だから、先輩の女優さんたちも皆さん衣裳を着けて仕度して、ずらっとそこにいる。その中で、私のためにＯＫが出ず、カメラが回らない。

それはもう「針のむしろ」です。三益愛子さんや木暮実千代さん、京マチ子さん、自分よりもずっと上の先輩たちが、私のせいで何日も無駄にしているんです。どうしよう、どうしようと悩んでも、溝口先生は何も言ってくれない。そのときの先生は、まるで仁王様に見えました。

でもね、演技って聞いてもどうしようもないし、聞かれて教えられるものでもないんですね。どうしたらいいのか、そんなことは自分で分かれっていうことなんです。あんまりに辛くて、死んだほうが楽だとさえ思ったけれど、そんなことしたらもっと迷惑をかけるだけだから、死ぬに死ねない。誰にも相談できず、心配をかけたくないから親にも言わず、家に帰ってひとり、押し入れで泣き続けました。

10日経って、どうしてカメラが回ったのか分からないけれど、人間って、ギリギリまで追いつめられると、できるものなのね。溝口先生が「よし、回そう」って。そして、全部撮り終わってから、こう言われたんです。「演技というのは、するものではないんだ。その人間になれば、そう見える。その人間が、そこにいればいい」

もちろん、それが一番いいに決まっているけれど、一番、難しい。

それから10年以上経ったあるとき、世界の演劇界に大きな影響を与えたと言われる「モスクワ芸術座」が東京に来て、私は何か学ぶものがあるかもしれないと、公演中毎日、劇場に通って観たんです。その中の俳優でひとり、気になるおじいさんがいました。特に何にもしないで、ちょっとハス向きで舞台の奥に座っているだけ。でもなぜか、目が行く。あとで聞いたら名優らしいのですが、もしかしたらこれが、溝口先生が言っていた「演じなくてもそう見える」ということかもしれないと、そのとき思ったのを覚えています。腹で芝居をする、という感じでしょうか。何をやるにしても、余計に動かない。今もそれが、根本にあります。

映画『妻は告白する』（61年）も、大変だったんですよ。タイヘンタイヘンって、私が勝手に思っていただけですけどね、脚本をもらったとき、これは難しいな、と思ったんです。夫殺しの容疑で裁かれ、愛人に捨てられる女。取り組んだのはちょうど20代の終わり。それまでの娘役からはもう卒業しなければならないという思いもあり、すべてを懸けるつもりで挑みました。

それでね、どうしたかというと、台本を抱いて寝たんです。女優としてできる努力は全部やって、頭の中で人物を思い描いたり、心の動きを組み立てたりするわけですが、イメージって、摑もうとすればするほど、逃げていってしまう。だから、逃げないように、逃げないように。台本を抱いて寝たからって、上手くできるわけじゃないけれど、そうでもしなきゃ、落ち着かない。この役ができなければ、女優を辞めるしかないと、あのときの私は、そう思いつめていたんだと思います。

今思えば、そうした「タイヘン」は喜びでもあり、自分を追いつめて取り組んだ作品のほうが、褒められたりするものですね。思い悩む時間も、念を込めずにはいられなくなるような努力も、決して無駄にはならないものです。『妻は告白する』ではたくさんの賞もいただきました。監督は増村保造さん。増村さんも今日までの「女優・若尾文子」を形作ってくださった、大切な監督です。

『妻は告白する』で思い出深いのは、一番大変なクライマックスの撮影が初日だったこと。ひどいですよね（笑）。でも、決まっていることはどうしようもないから、自分なりに考え尽くして挑んだら、増村さんが「若尾くん、もうちょっとテンポをあげてやってくれない？」と言う。言われた通り、ちょっと早くして演じ直しました。その後、1週間ほど経って、仮編集を見た増村さんが「若尾くんが最初にやったほうをとる」と言ってくれてね。それを聞いて、増村さんに少し勝ったな、なんて思ったものでした。

増村さんは秀才でしたけれど、そんなことをぜんぜん鼻にかけない面白い人。仕事場では個人的なことを一切聞かないし、ご飯にも一緒に行かない。でも不思議と、一番懐かしいんです。父と同郷で、一度、大映の撮影所から車に乗せて差し上げて帰ったとき、「君は妹のようなもんだ」と言ってくれたことがありました。嬉しかったですね。私の兄は、私が16歳のときに病気で亡くなりましたが、兄妹の中で、私は兄に一番似ていると思っていました。

強く複雑な「大人の女」を演じられるようになったのは、増村さんとの仕事が大きかったですね。彼はイタリアへの留学経験もあり、明るくて可愛いだけの日本映画のヒロインの型を崩したかったんだと思います。演出でよく言われたのは「若尾くん、強く、声を低めに、抑えて」。低くって言ったって、最初から私の声って低いんですけどね。

小さい頃は、この声、嫌だったんです。小学校の点呼も、私だけ返事のトーンが低くて恥ずかしかった。母が悪声だったから、似たんだって思っていました。その声が仕事で褒められるようになるとは、分からないものですね。女優としての仕事だって、ここまで続けられるかは、分かりませんでした。もっと上手くできるんじゃないか、次こそは、次こそはという思いの繰り返し。でも一度も、辞めたいとは思いませんでした。私にとって女優という仕事をすることと、生きていることは同じ。それしかないですから。一途といえば一途です。

そういえば、母も私も江戸っ子。母は兄が亡くなって半年ほどであとを追うように亡くなりましたが、私の一途な気質は、もしかしたら、母に似たのかもしれません。

若尾文子

決めたこと、過ぎたこと　後編

プレッシャーを乗り越える
簡単な方法はありません。
気構えはいつだって背水の陣。
できなければこれが最後と思って
やるしかありません。
思いつめる必要はないのでしょうが、
変に真面目なのね、私は。

これまでたくさんの仕事をさせていただいてきましたが、映画でも舞台でも、新しいことを始めるときは常に、プレッシャーとの闘いです。

初めて舞台に挑戦したときも大変なプレッシャーでした。36歳のときのこと、作品は川端康成原作の『雪国』、相手役は歌舞伎の中村吉右衛門さん。脇を固める俳優さんたちは、東宝現代劇に所属する舞台のプロたち。その中で芝居をするんです。本当に、息のつまる思いでした。

舞台と映画は違うもの。それまでの映画でのキャリアなんて関係ないですからね。吉右衛門さんはそんなこと思ってなかったでしょうが、何やってんだこの人、と思われてやしないかと心配もしてね。心労で随分髪が抜け、あるとき美容院に行ったら、「若尾さん、髪が半分になった」と言われました。あるんですね、そういうこと。

『雪国』の初日は吉右衛門さんのお母様も観にいらしたのですが、「良かったわよ、自信を持ちなさい」と言ってくださってね。その言葉に随分救われ、ほっとしました。

プレッシャーを乗り越える〝簡単な〟方法なんて、ありません。何本映画に出ても、舞台に立っても、気構えとしてはいつだって背水の陣。できなければこれが最後と思ってやるしかありません。新しい仕事が始まって1週間はたいてい眠れませんね。頭の中は役のことでいっぱい。そのうち疲れてくるでしょ、それでやっと眠れる。何もそこまで思いつめることはないのでしょうけれど、変にバカ真面目なのね、私は。

真面目といえば、私ね、日記をずっとつけていたんです。黒川（紀章《きしょう》）と結婚した当初、黒川がイタリアのオリベッティの立派な日記帳をもらってきてくれて「君ね、日記を書くといいよ」って言ったんです。毎日、とにかく記録しなさいって。それで私、黒川と一緒にいる間、オリベッティのその日記帳が何十冊にもなるほど書きました。

朝何時に起きて、何を食べて、お天気はどうだとか、そういうことを細かく、毎日書いた。一度始めたら、決して欠かさず。私ってそういう性格で、ほんと、バカみたいね。黒川と外国に行ったときでも旅先で別の紙に書いて、帰宅したら書き写すから1日たりとも穴はあかない。おかげで、同じ国にまた行くときなんて、どのくらいの気候で何を着たらいいか、衣裳計画もしやすかったですよ。

黒川の朝ご飯も、毎日欠かさず作りました。一旦そうと決めたら、それは「決めたこと」ですから。朝5時から作るのだと慌てるから4時には起きて。お味噌汁も何と何が好きかって、本人は言わないけど、嫌なものは食べないから分かるでしょ。それを覚えたものでした。名古屋の人だったので、お雑煮も名古屋風。あちらは地鶏で、こちらのものとは味が違うから、わざわざ取り寄せたりもしました。

今考えれば、自分でもよくやったなと感心しますけど、私ね、黒川と結婚すると決めたとき、これまでは自分のためだけに生きてきたけれど「今度は、自分のためではなく、人のために生きてみよう」と思ったんです。黒川には、いろんなことを教えてもらいました。仕事をしているときは、「そのこと」しか見えなくなるから、草花の名前も鳥の種類も、まったく関心がなかったのですが、そういうことを全部教えてくれたのも黒川です。

日記帳は、少し前に自宅の引越しをした際、処分しました。シュレッダーに、全部かけてもらいました。ちょっと、残念な気もしますね。でも、物として残っていることがいいとは限らない。そもそも、物には昔から執着がなくて、服も靴も、随分手放しました。

姉夫婦の家にあった私の子どもの頃の写真も、あるとき「もういらない」って言ったものですから、ないんですよ。子どもがいれば、違っていたんでしょうけど、遺す人もいないですしね。過去はもう、「過ぎたこと」ですから。

自分の作品を見返すこともほとんどなかったのですが、２０１３年に韓国の映画祭に呼んでいただいたのをきっかけに、最近は少しずつ、観るようになりました。観るときはいつも、こわごわなんです。今ならもうちょっと上手く演じられるんじゃないかと思ったりするのは辛いから。でも、やっぱり、若いっていいですね。

女優になる前、疎開先の仙台に残って過ごした学生時代には、英語を勉強して、大人になったら外国に行っちゃおうと思っていました。アメリカ映画が日本にたくさん入ってきた時期で、ハリウッド女優のイングリッド・バーグマンや俳優のゲイリー・クーパーを見て、素敵だなあ、と憧れたわけです。映画で観る「ここではないどこか」が、とても良く思えたのね。私は5人兄妹の末っ子で、兄と母が亡くなり姉たちは東京に戻っていましたから、高校の頃は父と2人暮らし。話し相手がいなくて寂しかったのもあったと思います。図書館に入り浸り、ありとあらゆる本を読みました。志賀直哉とか国木田独歩とか。その読書経験が、後々女優をするうえで大きな栄養になったと思います。

終戦は小学校6年のとき。嬉しいとかそういう感じではなかったですね。いよいよ私は死ぬんだなって思ってました。もし戦争に負けたら、アメリカ兵に捕まるまえに青酸カリで死ぬのだと、そのときは家族で言っていましたから。終戦1カ月前の仙台の大空襲も強烈な記憶です。川べりの土手へ逃げる足元の芝が燃えててね。すぐ上で爆弾を落とされても風で流れるから下には来ないんだとか大人が話すのを、爆撃機を見上げながら聞いていたのを覚えています。

そんな10代に比べれば、大映に入ってひたすら映画に懸けた20代は、本当に楽しかったですね。大映の撮影所は調布の京王多摩川駅近くにあり、車を持っていなかった頃は毎日、電車で通っていました。自宅の最寄り駅から40分くらい。私は身体が弱くて胸が苦しくなるから一息では行けず、途中で一度降り、一休みしてからまた乗って。

年に10本も映画に出ていた頃は、撮影所の床で寝るようなこともありましたが、そういうものだと思ってましたから、苦にはなりませんでした。

たまに定時の夕方5時に撮影が終わると、川崎敬三さんとか川口浩さんだとか、同年代の若い共演の方たちと銀座に行ってお茶を飲むのが唯一の娯楽。それが私の青春であり、日本映画の青春時代でもあったような気がします。そういう時代に女優を始められたことが、どれほど運の良いことだったか、今改めて感謝しています。

前編
「暮しの手帖」第4世紀82号
2016年6-7月号
後編
「暮しの手帖」第4世紀83号
2016年8-9月号

わかお・あやこ
1933年、東京都生まれ。女優。溝口健二、小津安二郎、増村保造、川島雄三ら名匠のミューズと呼ばれる。代表作は『祇園囃子』(53年)『赤線地帯』(56年)『浮草』(59年)『妻は告白する』(61年)『しとやかな獣』(62年)『清作の妻』(65年)など。出演映画は160作品にのぼり、舞台やテレビドラマでも活躍。夫は2007年に逝去した建築家の黒川紀章。

作家

中山千夏

人生に軸ができたとき　前編

女性差別問題に取り組むようになってから、
女に生まれてきてよかったと
思うようになりました。
性差別の問題を
自分ごととして考えられたし、
気づきのチャンスが得られた。
それが、他の差別についての理解に
繋がっていったんです。

私の人生の転機は、これしかないというくらいはっきりしていて、それは1970年代の女性解放運動、ウーマンリブとの出会いです。子役としてデビューして以来、舞台を中心に仕事を続け、68年からはテレビの「お昼のワイドショー」で司会もしていました。歌を出したらそれもあたって、さらにもてはやされたりしてね、歳はまだハタチそこそこ、それなりにハデ派手しくやっていた頃のことです。ある日、自分と同世代の女性が3人訪ねてきて、「魔女コンサート」という、女による女のためのお祭りをやりたいんだけど、一緒にやってくれないかと誘われました。

「ウーマンリブなるものがアメリカからやってきて、日本の女性たちも影響を受けているらしい」という話題は、耳にしていたし、気にもなっていたんです。当時は、オジサンが年頃の女性をからかったりお尻を触ったりするのは日常茶飯事。私自身はそんなに嫌な目に遭わなかったけど、所々方々で、女性であるがゆえの差別を感じていました。

女の子は嫁にいくのが正道で、料理洗濯、夫の世話、子どもを産み育てるのが女である、という社会通念が確固としてあり、そういうことを言うのも言われるのも「普通」。でも、そうであるならばいったい、私がやっている「仕事」とは何なのだろう……。そりゃあ、自分も結婚して子どももできるかもしれないけれど、それは人生の一部であって、もっといい俳優になりたいとか、思い描く夢もある。それなのに、いくら夢を持ち仕事を頑張っても結局、女の子は嫁にいって子育てや家事ができなかったら、減点されるんだな……。変だなー、変だなー、世の中には男と女がいるけれど、こりゃあ、つまらないほうに生まれちゃったなあって、鬱々としてね。私は自分の力をすべて発揮して生きていきたいのに、女であることで、それができないかもしれないというモドカシさ、しちゃいけないいんじゃないかというモヤモヤした気持ち。そこからくる自信のなさや不安。そういったものが、ずっと私の中にありました。

そんな私の悩みと、彼女たちが変えようとしていることは、共通するところがあるんじゃないかと感じてね。「魔女コンサート」、やりましょう、と。場所は日比谷野音、客席は満員。仕事以外で司会をしたり歌ったりするのはもちろん、市民運動への参加も初めてのことでした。その後、そのコンサートの仲間と「新宿・ホーキ星」という場をもって活動を続けることになり、当時はまだ珍しかった「男の料理」や自宅分娩の勉強会などを企画。女性解放運動に関わってきた多くの先輩、後輩ともそこで知り合うことができました。

新宿・ホーキ星の設立が74年。翌75年から国連の「国際婦人年」も始まり、女性の地位向上への動きが、日本でも一気に加速していきました。

ウーマンリブに出会ってなかったら、私の人生は今とは全く違っていたでしょうね。学校では習わなかった「女性史」を学ぶことで、改めて思うことが沢山ありました。

女性の参政権は戦後にやっとの思いで得たものであり、今の憲法はもらいものでもいいものなんだな、これがなかったら、相変わらず私たちは何も言えなかったんだな、とかね。

私が驚いたのは、当時、時代の先端だと思っていたウーマンリブに先駆けて、市川房枝さんのように、戦前から女性解放運動をしていた人たちがいたこと。世間から白い目で見られ、蔑視されながらも、訴え続けてきた人たちがいた。にもかかわらず、私を含め、後の世代にきちんと伝わっていなかった。だからそのとき思ったんです。私は、自分たちの後から来る人たちに伝えていこう。少なくとも差別を助長するような仕事の仕方はやめよう。余力があれば、差別を減らすような仕事をしよう。それがカチッと、自分の中で決まって、人生の大きな「軸」ができました。

「軸」ができると、自分なりの物事の見方がはっきりします。そうすると足元が固まって、不安にかられたり気持ちがふらふらすることもない。私は、人生に「女性差別問題」という軸を持つことで、ずっと生きやすくなりました。

活動に関わるなかで実感したことには、言葉の大切さもあります。セクシャルハラスメントも性別役割分担も、「問題」自体は昔からあったけれど、それを指し示す「言葉」や「名前」がなかった。だからどう訴えていいか分からなかった。でも例えば、「向こうは悪気はなさそうだし、可愛がってくれているみたいなんだけど、この、なんか、とても嫌な気分になる発言や行動」が「セクシャルハラスメント」だと分かれば、声をあげることができる。食事のときに女だからとお酌を強要されるのが「性別役割分担」という名の差別であると知れば、抗って煙たがられるのも本人の自由なのだと、はっきり言える。DV（ドメスティックバイオレンス）でも何でもそう。「言葉」という視点で振り返ると、それぞれの運動の興りがよく分かります。

ひとつの問題に取り組むと、他の問題も見えてくるものです。自分の生き辛さは性差別によるものであり、差別というものには全体に共通性がある、という気づきが、他の差別についての理解に繋がっていきました。だから私ね、性差別の問題に取り組むようになってからは、女でよかったと思うようになりました。女だから、問題を自分ごととして考えられたし、そこに大きな気づきのチャンスがあった。男に生まれていたら、気づけていたかどうか。

75年から始まった国連の「国際婦人年」の10年が終わり、85年に日本は女子差別撤廃条約、いわゆる男女平等条約を批准、男女雇用機会均等法も制定されることになりました。私は80年から6年間、参議院議員を務めたので、ちょうど差別撤廃条約を日本が批准するときの婦人議員のひとりでした。国会内で婦人議員たちが超党派として走り回り、その成果を皆で喜んだのを覚えています。

条約を批准した途端、国全体で「男女平等は常識だ」と言うようになったのだけど、内実はどうでしょう。あれから30年余り、今はむしろ、問題が分かりにくくなっているように感じます。今の若い女の人たちからすると、ついこの前まで、女性に対する差別というものが存在し、今だってよく見るとあるんだ、ということが見えなくなっているのではないか。それが見えないと、他の差別も見えなくなりがちで、自分ではそれと気づかないうちに、誰かに対し差別的な行動をとってしまうこともあるのではないか。表からは分かりにくく、見えなくなった問題を、どう伝え、変えていくか。今はそのことを考えています。

海と古代に潜る　後編

中山千夏

これまでにハマったもの、
のめり込んだものは数知れず。
夢中になるものというのは、
向こうから勝手にやってくる。
ジタバタせずに
受け止めるしかない。
どんなことも経験ですから。

38歳のとき、6年間の国会議員の任期を終え、現代政治に落胆、くたびれ果てた私は海の中と古代へ逃げました。海の中とは、スキューバダイビングのこと、古代とは主に、『古事記』の研究です。

逃げたとはいえ、20代の頃に出会ったウーマンリブを原点に、女性問題に対する意識や関心はしっかりと私の人生の軸になっていて、『古事記』からも女の問題をいっぱい拾ってね。「女」に注目して読み返すと、それまで人が気づいていなかったであろうことにも気づくし、それをまた喋ったり書いたりするのも楽しい。以後20年に亘り、日本の古代史にまつわる本を10冊近く出すことになりました。

海に潜っても、やっぱり気になるのは雄雌の話。生物の雄雌は本当に奇天烈で面白い。タツノオトシゴなんて、雄が妊娠しちゃうんですよ。雄でも雌でもなく生まれ、後からどっちかになる魚もいる。海の中には、性別に縛られている人間の常識など及ばない、自由で逞しい生きものたちがいるんだ、と驚き、気持ち晴々、楽にもなりました。

本格的にダイビングを始めたのは40代からですが、最初に海に興味を持ったのは、随分と昔、20代の頃です。1970年代から日本テレビで放映されていた「驚異の世界・ノンフィクションアワー」という番組でナレーションを担当したんですが、そこで放送した『クストーの海底世界』というドキュメンタリーで、「海底世界」にすっかり魅せられて。ぜひ私も潜ってみたいと思っていたところ、当時、海の生きものに夢中になっていた、ムツゴロウこと、畑正憲さんが訪ねてきて、会っている間中、海の中の話をする。その話がまた面白くてね。母に「潜りたい！」と訴えたけれど、危ないからダメだと聞き入れてもらえませんでした。

念願叶ってのダイビングには、とにかく、夢中になりました。これまで潜った数は1000本以上。私って、一度始めると、のめり込むタイプなんです。最初はあまり泳げなかったのですが、ダイビングを始めて8年くらい経った頃だったか、海で遭難するかもしれないし、やっぱり泳げたほうがいいよなあと思って近所のフィットネスクラブで水泳を始めたらこれもまた面白く、今では1時間くらいなら、悠々とクロールで泳いでいられるまでになりました。

思えば、これまでにハマったもの、のめり込んだものは数知れず。『古事記』やダイビングなら、まだ人にも言いやすいのですが、困ったことにテレビゲームにも、のめっちゃった。80年代のこと、当時連載をしていた雑誌の編集者から、「ドラゴンクエスト」の体験記を書いてみませんかと誘われて、買ったんですよ、ゲーム機を。やってみたら面白くてね、すぐにハマりました。その前段階として、インベーダーゲームにもハマったことがありますね。知り合いの子どもがやりたいって言うから喫茶店に連れて行ってつき合っているうちに、気づいたらこちらがどっぷりと。

テレビゲームの次は、パソコンです。パソコンなんて非人間的なものは嫌いだ、と自分で思い込んでいたのですが、ワープロが廃れて、執筆活動のために仕方なくパソコンを買い、何がきっかけだったか、プログラミングというものに出会いましてね。HTMLなる、マークアップ言語といわれる「字」を打ち込むと、それがなんと「絵」になる！　もう、そのことへの驚きといったらありませんでした。

しかも、インターネットっていうのは不思議な場所で、親切な人がタダでいろんなことを教えてくれる。プログラミングにすっかりハマった私は、そのあれこれを教えてくれるサイトに日参。自分でホームページも作りました。パラパラ漫画風の動画も作って入れたりして、楽しかったですね。字が絵になって、しかもその絵が動くんだから。ハマりながら、「へえ、私ってこういうこと好きなんだなあ」と、新たな自分を発見する思いでした。

夢中になるものというのは、私の場合、「これに夢中になろう」と自ら選ぶのではなく、向こうから勝手にやってくる、という感じなんです。何と表現したらいいのか、取り憑かれる、という感覚に近い。そうやって来るものについては、もう、ジタバタせずに受け止めるしかないと思っています。理由をつけて抵抗したり、こんなこと無駄なんじゃないかと心配したりしても意味はない。どんなことも経験ですから、夢中になればなったで、得るものはある。例えば、私がゲーム機の操作に慣れていたことで、パソコンだって比較的すぐに扱えるようになった、みたいにね。

そういえば私、パソコンにハマったおかげで、ちょっとだけ人間が謙虚になりました(笑)。それまでは、自分の都合が悪くなると人のせいにするところがあったんです。でも、コンピュータの分野、特にプログラミングでは、何か問題が起きたら、ほぼ間違いなく、私が悪い。調べてみると必ず、こちら側に原因がある。相手のせいには、できないんです。人間なら、「まあ、ちょっと大目に見ますか」って譲歩してくれることもあるけど、コンピュータって奴は、絶対に譲らず、白か黒かしかない。この譲らない奴を使いこなしたいと思ったら、こちらが徹底的にあちらのルールに合わせねばならない。謙虚にもなるというものです。

そうやって今日に至るまで、私の人生には、夢中になっているものがない、という日はなかったような気がします。いつだって、何か面白いことがないかと探しているし、常に何かに夢中になっていたい。そのためには、まずいろんなことに興味を持つことが大切ですね。やっぱり無関心はよくありません。目の前のことに関心を持って生きる。その姿勢はこれからも、変わらずにいたいと思っています。

もうひとつ、自分の在り方について最近改めて思うのは、私はこれまで常に、アウトサイダーであった、ということ。子役としてキャリアをスタートしましたが、子役って、同じ舞台に立っても、大人の役者と同じには扱われない。じゃあ学校ではと言えば、働いているから、ただの小学生、中学生扱いというわけでもない。自分は舞台俳優だという意識があったから、テレビで活躍してもそこが本拠地とは思えなかったし、文章を書いたからといって文壇の人でなく、歌を出しても音楽界の人でなく。いつも「外の人」。だからか、常に自分自身を含め、物事を冷静に客観的に見るようになりました。これもまた差別問題と繋げて考えることができて、「社会」が男のものだとすれば、女というのは、「外の人」なんですよね。でも、外野、好きですよ。アウトサイダー、いいじゃないですか。気に入ってます。

なかやま・ちなつ
1948年、熊本県生まれ。作家。59年に芸術座での舞台『がめつい奴』で子役デビュー。俳優、歌手、テレビ番組の司会など、マルチタレントの先駆けとして活躍。女性解放運動をはじめ、社会運動にも積極的に携わる。『ぼくらが子役だったとき』『蝶々にエノケン』『芸能人の帽子』『海中散歩でひろったリボン』ほか、著書多数。

前編
「暮しの手帖」第4世紀84号
2016年10-11月号
後編
「暮しの手帖」第4世紀85号
2016年12-2017年1月号

音楽評論家、作詞家

湯川れい子

兄からの遺言 前編

いい音楽を生み出す人がいて、
それに幸せを感じる人がいる。
そこでは国も人種も関係なく、
偏見も差別もあるべきでない。
これは、音楽を愛しながら
若くして戦死した、
私の兄からの遺言です。

私はよく、「愛は愛でしか育たない」という話をするのですが、私自身の経験を振り返っても、私を育て、私の中の愛を育んでくれた原点は、戦前、家族と音楽に囲まれて過ごした幼い頃の日々にあります。

私が生まれたのは1936年です。真珠湾攻撃は41年の冬ですから、太平洋戦争が始まったのはちょうど5歳の頃。それまでは、ごく普通の生活を送ることができていました。それが戦争の怖さでもあるのですが、戦争って、突然始まるんです。5歳までの日々で覚えているのは、父と母がよく、自宅でダンスを踊っていたこと。東京・目黒の家にはフローリングの部屋があり、兄が蓄音機でレコードをかけ、ときには私も、父の足の甲にちょこんと乗っかって、母との間に挟まれて踊ったものでした。

月のきれいな秋の夜には、父が縁側に座布団を敷き、尺八を吹いていました。母はお琴、姉はピアノ、私は「コップを叩いて好きなように音を出しなさい」と言われて、皆で演奏会をしたものです。3人の兄姉たちとは年が離れていて、一番上の兄とは18歳、次兄とは15歳、姉とは12歳、年の差があったので、兄も姉も親代わり。かわいい、かわいいで私の面倒を見てくれました。壁の落書きも上手いと褒められ、下手な歌でも歌おうものなら喜ばれ、そんな経験が私の生涯の「自信のもと」になっていると思います。

そんな日々が突然、本当に突然終わり、上の兄は徴兵で陸軍にとられ、やがて戦死してしまいます。海軍の大佐として軍令部にいた父は、連日の作戦会議の疲れがたたったのか、風邪をこじらせ、わずか3日で亡くなってしまいました。次兄は、特攻機「桜花」に乗るべく特攻隊に入り、消息不明となって、戦後しばらくまで戻りませんでした。

父も長兄も死に、残された者で寄り添うしかないという戦後の暮らし。それは、戦前の私の記憶にある「穏やかで音楽に囲まれた日々」とは比べようもない、真っ暗で、本当にさびしく、心細いものでした。

私は、戦死した長兄が大好きでした。兄はとにかく音楽が好きで、洋楽のレコードを沢山もっていましたし、時間があればピアノも弾いていました。音楽に浸りながら、音楽の向こうにある世界を見ていたんだと思います。いい音楽を生み出す人がいて、それを聴いて幸せを感じる人がいて、そこには国も人種も関係ないということを、知っていた人でした。その兄は、出征前、私と母のために3日間かけて自宅の庭に防空壕を掘っていってくれました。

兄が防空壕を掘っている間、私と母は、庭の梅の木の下にゴザを敷いて見守り、汗まみれで兄が防空壕から出てくるとお茶を出したり、手ぬぐいを絞って渡したり。掘っている間、兄はとてもきれいな歌の口笛を吹いていました。聞いたことのない歌だったので「なんていう歌ですか?」と聞いたら、「これは兄ちゃまが作った歌だよ」

と。

防空壕を掘り終えた次の日だったか、夕刻、兄はお風呂上がりの石けんの匂いがする身体に陸軍の軍服を着て、私を抱き上げて宵の明星を指さし、「覚えていてね、あれが兄ちゃまだからね」と言いました。そのとき、私の足が兄の腰のサーベルにあたり、ガチャガチャと音を立てた、その音と足の感触を、今でも覚えています。

戦後、母は目黒の家を下宿に変え、その下宿代で私を育ててくれたのですが、私は扁桃腺をよく腫らして熱ばかり出していました。本を読むとまた熱を出すから「音楽でも聴いていなさい」とラジオを枕元に置かれ、そのラジオでこっそり聴き始めたのが、進駐軍放送です。

進駐軍放送には、ふわあっといい匂いがするような音楽が溢れていて、聴きながら揺れていると気分が良くなるし、身体も楽になる。そんなある日、ラジオから兄の口笛の歌が流れてきたんです。

「兄ちゃまが作った歌」がなぜラジオから？　翌日から毎日、注意深くラジオを聴いていると、また流れてくる。何回も聴くうちに、タイトルが聞き取れ、その曲は、ハリー・ジェームス・オーケストラの「スリーピー・ラグーン」だと分かりました。調べると、「スリーピー・ラグーン」は42年、ちょうど戦争が激化していく頃にアメリカのヒットチャートで1位になった曲。兄が自分で作ったと言ったのは、まさかその時代に「敵国の音楽」を聴いているなんて、母の前では言えなかったからでしょう。それにしても、当時、兄はどこでどうやって、その曲を聴いていたのか。

それは後から分かったことなのですが、開戦前まで東京にはアメリカの映画もまだ入ってきていたんです。兄の学生時代の日記を見ると、多いときは週に3本も洋画を見ている。レコードも東京の神田あたりでは、けっこうギリギリまで売っていた。それひとつをとっても、戦争は突然始まるということなのですが、母はそんな兄のことを「のどかに目鼻をつけたような子だった」とよく言っていました。夫は軍人、次男は海軍兵学校に入りたくて一心不乱に勉強したような子。それに比べて音楽や映画三昧の長男は、どこか不甲斐ない息子に見えていたのかもしれません。

後年、母に、兄は最後に家を出ていくとき、なんて言ったのかと聞いたことがあるんです。母はこう言いました。

「本当に最後まで、馬鹿な冗談を言って出かけたのよ。もし僕が、色の黒い、目のクリクリッとして髪のちぢれた子どもを連れて帰ってきて、その子が、ばばちゃま！って言っても、卒倒しないでねって」

私はそれを聞いて、泣かずにはいられませんでした。

兄は戦争に行きたくなかった。戦いたくなかった。フィリピンで戦死をするのですが、南方に行くことを兄は出征前に知っていて、でもそれは最愛の母親にすら言えない。せめて、自分が憧れた外国の、椰子の実が流れてくる南方に行くのだと、そこに、ありはしない幸せな未来を冗談でも夢見て、動機付けにしようとしていたのかもしれません。

兄が音楽を愛したこと。1枚のレコードが世界を運び、音楽の向こうには同じ時代を生きる人がいて、そこでは国も人種も関係なく、偏見も差別もあってはならないということ。これはすべて、私にとって、兄からの遺言です。

兄の口笛、「スリーピー・ラグーン」でスウィング・ジャズに出会い、ジャズを聴くことで私の中に広がったアメリカの風景は、やがて沸き起こるロックンロール革命の理解へと繋がっていきます。革命の主役はエルヴィス・プレスリー。56年、その出会いも、進駐軍放送からでした。

パーソナル・ソング 後編

湯川れい子

音楽はなぜこんなにも、
人の心を動かすのか。
そもそも感動ってなんだろう。
心ってどこにあるんだろう。
音楽に携わるほど膨らんでいく
そんな問いに導かれて、あるとき私は、
「音楽療法」に出会いました。

エルヴィス・プレスリーから始まったアメリカのロックンロール革命は、やがてイギリスの田舎町、リバプールの若者に飛び火し、1962年、ビートルズが登場します。彼らは瞬く間に世界中を熱狂させ、4年後、ついに日本でもコンサートが開かれました。そのとき、私は音楽ジャーナリストとして、主催者である読売新聞社発行の雑誌で、ビートルズ特集号の編集キャップを任されていました。

ビートルズの来日コンサートは、昭和史に残る事件でしたが、私にとってもこのコンサートは、その後の人生の指針となる大きな出来事でした。1万人近い観客の9割が若い女の子で、その子たちが一斉に「キャー!」と叫ぶ。それに対する大人の反発や警戒はすさまじく、通路には警官が並んでいるし、2000人もの機動隊や装甲車まで出て、路上のファンをどんどん補導してしまう。私は公演最終日にやっと本人たちに取材できたのですが、その間、この騒動は何か、この「キャー!」はなんなのかを考え続けました。

辿り着いた答えはシンプルなものです。女の子たちが発しているエネルギーには「向から先」などなく、叫びながら、彼女たちはただ、ビートルズの「さあ、みんなで楽しく元気に仲良く生きよう」というメッセージを受け取っているだけ。方向性を持たないこのエネルギーこそが若さであり、生きる喜び。ならば私は生涯、この「キャー!」という側にいよう。短く言えば、「ミーハーでいよう」ということなのですが、以降、その信条はずっと変わりません。

それにしても、音楽という目に見えないものがなぜ人の心を動かすのか。感動ってなんだろう、心ってどこにあるんだろう……。ビートルズのコンサート以降、音楽に深く携われば携わるほど大きく膨らんだその問いに導かれ、私は70年代の初めに、海外の「音楽療法」に出会いました。

音楽療法とは、音楽に触れることで得られる効果によって、心身の健康を育もうとする学問です。音楽療法を学んで分かったのは、人には、一人に一つ、自分の「リズム楽器」として心臓があるということ。そのリズム楽器が脳と結びついて体を動かすメカニズムに、「音」が関わっているということです。人は、外から一定のリズムを与えられると鼓動が整い、その人が安寧を感じる「基本リズム」を取り戻す力があります。交感神経と副交感神経の切替スイッチが上手く動き始めるんですね。つまり、人の心は「脳」や「心臓というリズム楽器」と深い関わりがあるんです。

このリズム楽器は、恐かったり緊張したりすると速くなります。外からのリズムに反応するというのは、胎児の頃から始まっています。胎内の赤ちゃんの心臓は母親の心臓の2倍の速さで打つと言われ、母親のリズムとシンクロしながら発育し、誕生後は自分のリズムで打ち始めます。

リズムは耳で聞こえるものだけではありません。よく「揺らぎのリズム」と言うように、木の葉だってなんだって、全てのものは量子レベルでは振動し、リズムを持っている。それらの共振に反応しながら、私たちは生きています。

やがて、70年代の終わり頃になると、音楽療法の専門書が翻訳されるようになってきました。そしてその後、日本でも広く知られるようになったのが、「同質の原理」です。

これは、気持ちが落ち込んでいるときはいっそ暗い音楽を、興奮しているときは激しい音楽を聴くといいというもの。アルトシューラーという精神科医が提唱したと言われる考え方です。たとえば、うつ病の患者さんに音楽を選ばせると、陰々滅々とした音楽を選ぶことが多い。でも、それを聴いている間に、少しずつ、薄紙を剝ぐように元気になり、次にもう少し穏やかな音楽が聴けるようになる。そして最終的には、明るい曲を聴いて「いいですね」と言えるところまで回復をする。名曲だ、名演奏だというのは、その人にとっての名曲、名演奏であって、年齢によっても違うし、朝昼晩、体調によっても変わる。つまり、そのときの自分に合う音楽に耳を傾けることが大切なんです。

私はどんな音楽も、誰かに必要とされて存在していると信じています。ビートルズを聴いて女の子たちが解放されたように、音楽はいつの時代にも必要とされて在る。今のエレクトロニック・ダンス・ミュージックを、「あんなの音楽とは言えない」という人もいるけれど、「あれは平和集会よ」と私は言っています。だって、音楽のあるところには平和がある。平和じゃなければ、音楽を聴いて踊ってなんていられない。自分が自由に、行きたいところに行き、したいことをする、そのことへの応援歌ですから、音楽は。

これまで学んだ音楽療法を活かし、今、私が力を入れているのは、認知症で寝たきりの人を減らすための活動です。

2014年に『パーソナル・ソング』という映画が公開されました。これは、認知症で生きる気力を失った人に、その人が10代前半の思春期に夢中になって聴いていた音楽を聴かせると、目覚ましい回復を見せる、という様々なケースを取材したドキュメンタリー映画です。

私の母は92歳まで生きてくれたのですが、88歳頃から認知症になり、ほとんど寝たきりになってしまいました。母は戦後、幼かった私を育てることに命をかけてくれた人。その母が、最愛であるはずの私を認識できなくなってしまったんです。でも、そんな容態になっても若い頃に聴いていた歌だけは、スルスルと最後まで歌うことができました。

音楽の記憶と私に対する記憶とでは、同じ脳の中でも入っている部分が違ったんでしょうね。結婚したり子どもを産んだりするよりずっと前の、もっともっと深いところ、記憶の一番奥が、「パーソナル・ソング」のあるところ。悲しいのは、戦争中に思春期を過ごした人たちには、楽しく歌ったり踊ったりした経験がなく、パーソナル・ソングもないこと。戦争に音楽を奪われてしまったんです。でも、その下の世代の人たちにはロックンロールやロカビリーがあり、パーソナル・ソングはビートルズという人もいらっしゃいます。ビートルズの来日コンサートは1966年。あれから半世紀が過ぎました。

思春期という、人として感性を研ぎ澄ませるプロセスの中に、音楽があったかどうか。あったのならそれは、どんな音楽だったのか。これは本当に重要なことで、パーソナル・ソングを持っていることは素晴らしいことです。そこにリズムがあり、メロディがある限り、音楽が表現しているのは、生きる喜び。だからこそどんな人も、自分が本当に好きな音楽を大切にしてほしいと思います。

ゆかわ・れいこ
1936年、東京都生まれ。音楽評論家、作詞家。ジャズ専門誌への投稿が認められ、24歳でジャズ評論家デビュー。以来、第一線の音楽評論家、作詞家として、日本の音楽史と並走。作詞の代表的なヒット曲に「涙の太陽」「六本木心中」「恋におちて」など。音楽の力で心身の健康を取り戻す「音楽療法」の普及にも力を入れる。

前編
「暮しの手帖」第4世紀86号
2017年2-3月号
後編
「暮しの手帖」第4世紀87号
2017年4-5月号

報道写真家

笹本恒子

勇気を振り絞るとき　前編

ただただ毎日懸命に、
仕事ができるようになりたい、
できるようにならなければ、
と思っていました。
「度胸があるね」と言われもしましたが、
度胸ではありません。
必死だったのです。

私は大正3年（1914年）生まれ。秋に誕生日を迎えると、103歳になります。年齢を言うと、皆さん驚かれますが、確かに長くといえば長く、よく生きてきたものだと、自分でも思います。

報道写真家になったのは25歳のとき。知人の紹介で会った財団法人写真協会の林謙一さんに「あなた、やってみませんか」と言われたのが始まりです。林さんは東京日日新聞（現・毎日新聞）の社会部で記者をしていましたが、日中戦争から帰国後、「日本は宣伝戦で他国に立ち遅れている」と、新聞社を辞め、内閣情報部にも働きかけて写真協会を立ち上げました。

林さんに言われて特に印象的だったのは、報道写真家というのはまだ日本では少なく、男性でも数人、女性はひとりもいない、ということ。「けれどアメリカには、多くの女性報道写真家がいて、とりわけマーガレット・バーク＝ホワイトという女性は『LIFE』誌などで活躍しています。この前も表紙を写しましたよ」とおっしゃったことです。

『LIFE』は1936年創刊のグラフ誌ですが、兄が当時から入手して読んでいましたので、私もその存在を知っていました。「女性があんな立派な雑誌の仕事をするなんて、すごいな」と思いましたし、林さんの仕事の話がとにかく魅力的でね、やってみたい、と思いました。

実は私、写真を始める前は、絵描きになりたかったんです。女学校を出た後は、洋裁学校と絵の研究所に通いながら、新聞のコラムで挿絵を描くアルバイトもしていました。絵を描いてお金をいただくなんて初めてで、とても嬉しくて続けていたら、1年半くらい経って、違う人が描くようになってしまったんです。残念だったけれど、その人、とっても上手でね。あらまあ、と思って、誰が描いているのかを知人に聞いてもらったら、「ムナカタっていう人が描いているらしいよ」と。それは、後に世界的に有名になる、あの、版画家の棟方志功さんでした。

写真協会に正式に勤めたのは1940年の4月。翌41年の12月が真珠湾攻撃ですから、まさに太平洋戦争開戦前夜。40年の9月には日独伊三国同盟などというのもできて、東条英機夫人が主催した婦人祝賀会にも撮影に行きました。若い人にしてみれば、教科書で知る「歴史」ですが、私にとっては自らが体験し、生きてきた時間。戦時色が色濃くなるなか、ただただ毎日懸命に、仕事ができるようになりたい、できるようにならなければ、と思っていました。

なにせ、カメラを使ったこともありませんでしたし、絞りも露出も何のことだか分からないで始めたのですから、写真家として仕事をするため、身につけなければならないことは山ほどありました。無理だと思ったことはありませんが、女性が働くこと自体、珍しかった時代、細かなことでも、いろいろと不便はありました。

たとえば服装のこと。和装以外での女性の正装といえば、当時はタイトスカートにハイヒール。それでは脚立になんて上れないから、まずローヒールの靴を買い、キュロットスカートとパンツをあつらえてもらいました。でも、それは社内だけのこと。街なかにその格好では出られません。女の人のパンツスタイルなんてなかったから、珍しさのあまり、後から人が付いてきてしまう。そういう時代でした。

「女性の報道写真家」というだけで珍しがってよくしてくれる人もいましたけど、たとえばお役所みたいな堅い場所に行くと、「本当にあんたが写すの？」と怪訝な顔で言われたものです。戦後もあまり状況は変わらず、ライカなんて玩具と思われるし、小さいカメラを持っていくと素人だと思われるから、嫌でも蛇腹の大型カメラ「スピードグラフィック」を2つ、多いときは3つ、持っていきました。重かったですよ。でも、プロとして仕事をするために、できることは全部、やろうと思っていました。

こんなこともありました。1946年、戦後初めて開催された絹織物の展示会の撮影に行ったときのことです。目的は、オープニングのテープカットをするマッカーサー元帥夫妻の撮影をすること。ところが、その瞬間、私のカメラのフラッシュバルブが発光しなかったんです。フラッシュバルブといっても、お分かりにならないかもしれませんが、当時はストロボというものがなく、シャッターと同調してバルブが光らなければ写真は真っ黒。写らないのです。

私はとっさにご夫妻を追って、「エクスキューズ・ミー」と声をかけました。事情を簡単にお話しし、「ワンモアプリーズ」とお願いして、ご夫妻の写真をなんとか無事に、撮ることができました。

この話を聞いた知り合いの新聞記者は心底驚き、「君ね、天皇陛下とマッカーサーにはこちらから声をかけるのは厳禁なんだよ!」と。後で考えれば、こちらも冷や汗。「度胸があるね」と言われもしましたが、度胸があったのではなく、必死だったのです。各社のカメラマンが写して帰っているのに、「自分だけ写せませんでした」なんてわけには、絶対にいかない。現場にいたのに、どうして写真がないの? と、嫌みを言われることだって目に見えています。何としてでも撮って帰らなければ。その目的と覚悟があるからこそ、勇気を振り絞ることができました。

それにしても、仕事をするなかで、英語は随分助けになりました。海外からいらした方に「エクスキューズ・ミー」と臆せず話しかけることができたおかげで、シャッターチャンスを逃しそうになったピンチを何度も救われました。女学校で学んだことで一番役に立ったのは、英語です。英語の先生が「話せなければ意味がない」と、読み書きだけではなく、英会話に力を入れてくれたのです。おかげで私は英語を好きになり、自分でも丸善で英語のイソップ物語なんかを買ってきて一生懸命読んだりしました。

特に勉強が好きだったわけではありませんが、遊んでいる暇はなかったですね。生きていくために「役に立つこと」を、身につけておきたかった。時には本を読みながら道を渡っていてお巡りさんに怒られたこともありました。

人生に「もしも」はないけれど、もし、戦争がなかったら、世界で仕事をしたいと日本を飛び出していたかもしれません。終戦のとき、私はようやく31歳になろうとしていました。戦前戦後、20代半ばから30代にかけての若く、意欲のあるときに、長く、大きな戦争があった。それはあの時代、誰にとっても辛く、抗いがたいことでした。

71歳からの再スタート 後編

笹本恒子

自由でいるためには
自立していなければならない。
女性であっても自活すべきだ。
そういう思いは、わりと小さい頃から
はっきりとありました。
変わっているといえば
確かに変わった少女だったかもしれません。

昭和が60年という還暦を迎えた年、１９８５年に私は写真展を開くことになりました。タイトルは「昭和史を彩った人たち」。作家の室生犀星、政治家の浅沼稲次郎、作曲家の山田耕筰……。終戦直後の45年から68年頃までに撮影したネガのなかから、まさに、昭和史を彩った１００名の方々の写真を選び、皆さんに見ていただきました。

写真展は多くの新聞やテレビで報じられたこともあり、大きな話題となりました。あのとき、私は71歳。この写真展が報道写真家としての第二のスタートとなりました。

というのも実は、それまでの20年弱、私は写真の世界から遠ざかっていました。２度目の結婚の後、写真の仕事だけでは生計が立たず、オーダー服の店を持ったり、フラワーアレンジメントの本を出したり。そして70歳を前に夫が癌で亡くなり、呆然としているときに、「写真展を開きませんか」と知人が声をかけてくださったのです。

戦後撮り続けてきた写真のなかから、いつか、人物だけを選んで個展をしたいという思いはありました。でも、その機会を持てぬまま、撮り溜めたフィルムは段ボール箱のなかへ。あと数年でも遅ければ、あの写真展はできなかったかもしれません。というのも、いざその箱を開けてみたら、フィルムが溶け始めていたんです。

段ボール箱いっぱいの、35ミリのネガを持ち上げると、むーっと嫌なにおいがして、ネガ同士がベタベタにくっついていました。しまうときに１本ずつ、紙を挟んでおけばよかったのに、それが分からず、まとめて入れたのが悪かった。しかも、ここなら乾いているだろうと、押し入れの天袋に入れていたのですが、そこが一番ダメだった……。

溶けたネガを見るのは、本当に悲しかったですね。全てを見返し、救えそうなカットを切り出しました。銀座に「衣裳研究所」を開いて間もない頃の花森安治さんのカットもあったんですよ。戦後初めて宮家にカメラマンとして訪問した際の、三笠宮妃百合子さまと作家の吉屋信子さんの対談姿なども辛うじて残っていました。生き延びてくれたフィルムと向き合い、懐かしい方々の姿に触れるうち、私もまた息を吹き返し、気持ちを取り戻していきました。

写真展の後、私は新たな仕事に取りかかります。テーマは女性。戦前戦後を通してそれぞれの専門分野で素晴らしい仕事をした「明治生まれの女性たち」です。それは、長い間、私が一番取り組みたかったテーマでもありました。

今では想像もつかないかもしれませんが、戦前、女性には選挙権もなく、「おんなこども」と一括りにされていたんです。赤ん坊を背中にしょって炊事洗濯をして、夫に「メシ、フロ、オチャ」と言われては世話をするのが当たり前。それをしながら、寸暇を惜しんで原稿を書いたり、絵を描いたり、それぞれの世界で一流を極めた女性たちがいる。彼女たちの努力というのは、男女同権になってからの時代とは比べものにならない、大変な努力です。そのことを、写真で残しておきたい。明治、大正、昭和、平成と走り抜けた彼女たちの苦労を、伝えていかなければならない。そう思って撮影を始めました。

始めるといっても、所属する会社を持たないフリーランスの身。まずは手紙を書き、自分の作品を添えて相手に送ることからのスタートです。大きな新聞社の名刺があれば話が早いこともあるでしょう。でも、私は何の後ろ盾もない、ただの笹本恒子です。取材したいという思いを、とにかく懸命に伝えるしかありません。

作家の佐多稲子さんや洋画家の三岸節子さん、女優の杉村春子さんなど、最終的には、100名近い方々にお会いしてお話を伺うことができました。そのなかから60名の写真を、『きらめいて生きる　明治の女性たち』という写真集にまとめることもできました。

写真を撮らせていただきたい、お話を伺いたいと思う人がいたら、自分で取材を申し込み、カメラとテープレコーダーを携えて出かける。そのスタイルは、昔からずっと変わりません。自分で種を探して、花を咲かせる。フリーランスという働き方もしかり、自由でいるためには自立していなければならない、女性であっても自活すべきだ、という思いは、わりと小さい頃からはっきりとありました。変わっているといえば、変わった少女だったかもしれません。

女学校を卒業するとき、先生が生徒ひとりひとりに「将来は何になりたいですか」

と質問をされたことがあります。戦前ですから、「お茶とお花とお裁縫を習って、お嫁に行きます」という人がほとんどでした。でも私は、「できれば、絵描きになりたい。なれなければ、小説家になりたい。それもダメなら、新聞記者になりたいと思います」と答えました。先生はびっくりして「はあ、そうでございますか！」と目を丸くされたのをよく覚えています。

父は日本画が好きだったので、女学校時代は私が絵を習いに行くことも黙認してくれていました。でも、絵描きになることに対しては大反対。「嫁のもらい手がなくなるし、食べてはいかれない」というのが父の意見でした。それならば、と私は、父に内緒で絵の研究所に通いながら、洋裁学校にも行きました。たとえ絵で食べていけなくても、洋裁の技術があれば、生活が成り立つと思ったからです。

そんな私の理解者となり、応援してくれたのは母でした。画家になれたらと夢見て、二十歳を過ぎても結婚に興味も示さなかった私に、母はこう言ってくれました。「早くお嫁に行きなさいとは言いません。世間の人がそう言っても、やりたいことがあるならやって、それでいい人と巡り会ったなら、結婚すればいいんじゃないの」と。

「結婚こそが女の幸せ」というのが常識だった時代に、です。

自分を信頼し、理解してくれる人がいると、生きやすいものです。それが母であったことは、今日に至るまでの私の真んなかを支えてくれていると思います。母は心臓性ぜんそくを患い、開戦の前年、58歳で亡くなりました。あまりにも早すぎました。

それとね、これは余談ですが、71歳で活動を再スタートしてからというもの、年齢は言わないようにしていました。あんまり歳だと思われて、あなたに写せるの？ なんて心配されても嫌だし、変に気を使われても困ります。公表したのは96歳のとき。もう言ってもいいかしら、と思ってね。写真と出合って75年余り。この歳まで長く続けてこられたことを、今は何よりの誇りに思っています。

ささもと・つねこ
1914年、東京都生まれ。日本人女性初の報道写真家。社会問題から著名人の肖像まで幅広いジャンルの写真を手掛ける。吉川英治文化賞、日本写真協会功労賞、米国のルーシー賞受賞。2016年、日本写真家協会により、若い写真家の活動を助成する「笹本恒子写真賞」が設けられた。2022年逝去。

前編
「暮しの手帖」第4世紀88号
2017年6-7月号
後編
「暮しの手帖」第4世紀89号
2017年8-9月号

児童文学作家
神沢利子

北の原野と山霊の伝説 前編

病気になっても、
ペンだけは持てる。
紙の上では空も飛べるし、
冒険だってできる。
「書く力」は、自分を励ます力となり、
以来、書くことは、生きること
そのものになりました。

もの心がついたのは札幌ですが、１９２９年（昭和4年）、5歳のときに家族で樺太《からふと》へ渡り、女学校2年の14歳まで樺太におりました。私にとって樺太は、子ども時代を過ごした一番懐かしい場所です。

太平洋戦争の前までは、北緯50度に日本とロシアの国境がありました。父は当時、三井鉱山に勤めていましてね、樺太で最初に移り住んだのは、豊原郡川上村という炭鉱の村です。その後、小学校2年生のとき、さらに北へ上った国境近くの、内路《ないろ》村内《むらない》川《かわ》に越しました。

内川は、当時の樺太庁鉄道の終点から車で何時間もかかるようなところで、まさに、辺境の地。夏、北の原野はヤナギランの燃えるような紅に染まり、秋になればそのヤナギランの綿毛が風に舞い飛びます。やがて、果てもなく雪の降り積もる冬がきて、原野も川も、白く凍りついてしまう——どこもかしこも、ただただ、ひらたくて、原野の上には、限りなく広い大空だけがありました。

家はロシア風の丸太の家ではなく、いわゆる普通の日本家屋で、窓だけは寒いので二重になっていました。父は馬に乗って炭坑の視察に出かけ、冬には緑に塗った厚いブリキの橇《そり》を馬に引かせていましたから、馬は生活になくてはならないもの。家の裏には馬小屋があり、馬と馬丁が一緒に住んでいました。当時の家の様子を思い返すと、馬糞の山に咲く鮮やかなオニゲシの花と、家の周りの唐黍《とうきび》畑の風景がまず最初に浮かびます。

辛かったなあ、という記憶はありません。何もないところでしたから、生活自体は大変なことも多かったと思いますが、子どもだから守られていたのでしょう。むしろ、自然がいっぱいで楽しかった思い出しかありません。緯度が高いので、そこら中に咲く高山植物の花を摘んで歩くのも日々の喜び。忘れな草が咲いている窪地がありましてね、まるで瑠璃を撒いたようでした。そこにひとりで座っていると、心にいろんなことが思い浮かんだものです。

星は、それはそれは、美しかった。当時は電気が通っておらず、ネオンサインなんてありませんから、夜の空は真っ暗、星しかありませんでした。中学生だった兄から教えてもらい、野尻抱影の『星座巡礼』を読んだのもその頃です。星座が奏でる音楽が本当に聞こえてくるようで、私は星を見ることが好きになり、北の空にひときわ大きく輝く北斗七星は、まるで自分の星のように思えていました。

炭鉱が開かれる前は、土地の人は木こりが多く、村から少し離れた海辺の三角州には、オタスという北方少数民族の集落がありました。彼らはトナカイと共に狩りをして暮らしていて、子どもだった私には、彼らの暮らしがとても羨ましかった。樺細工の手籠にコケモモを摘む少女や、トナカイの背にのってツンドラの野をかける少年。ああ、なんて、素敵なんだろう！　と憧れの目で眺めたのです。

37歳のときに初めて出版した童話『ちびっこカムのぼうけん』の主人公は、トナカイを飼う北方民族の少年です。物語を書くきっかけは、探検家ステン・ベルグマンが書いた『カムチャツカ探検記』に出合ったことですが、樺太で過ごした子ども時代の、あの様々な体験や記憶が、私に『ちびっこカム』を書かせたことは間違いありません。物語の舞台はカムチャツカ。戦前、カムチャツカには日本の漁場があり樺太との往来も多く、私にとっては身近な「向こう岸」のような存在でもありました。

『ちびっこカム』を書くまでの10年近く、私の30代は、どん底でした。当時、2人の娘はまだ小学生。夫の仕事は一度たりとも安定せず、生活は苦しく、私は結核が再発しての療養生活。私の入院・手術と入れ替わりで夫も入院し、両肺を部分切除するなど、あれこれあって、心は暗く、世界は塞がれているような気がしていました。

そんな中、親戚が子どもたちにと幼児向けの雑誌をいろいろと送ってくれたのですが、雑誌の中に「おかあさんの童話」の募集告知がありました。10代の頃は詩を書いたりしていたのだから、こういうものだったら私も書けるかもしれない……、そう思い、病床で書いて応募をすると、入選してお金が送られてきたりする。投稿を繰り返すうち、出版社の編集の人とも知り合うことができました。そんなある日、福音館書店の編集の人から、雑誌「母の友」に長い物語をお書きになりませんか、と言われ、喜んで書かせていただいたのが、『ちびっこカム』の前編です。

ベルグマンの『カムチヤツカ探検記』の中に、こんな伝説がありました。カムチャツカには200も火山があるのですが、その中に「ガムリイ」という山霊が棲んでいる山がある。ガムリイは夜な夜な鯨をつかまえてきては火山に持ち帰り、その火で鯨をあぶって食べた。村人はガムリイを恐れ、その山には近づかなかった、と。

たった3行の記述でしたが、その強烈なイメージを膨らませながら『ちびっこカム』を書き進めるうち、かのふるさと、樺太の森から、ライチョウもクマも生き生きと躍り出し、物語の中に飛び込んできてくれるように思えました。

書いているのは童話ですが、「子どものために」なんて思ってはいませんでした。書き始めてしまえば、ただ書きたくて、書いているだけ。病気になってもペンだけは持てる。自分には社会的な力もなければ体力もないし、お金もない。でも、紙の上では空も飛べるし、冒険だって何だってできる。それがとても嬉しかった。その「書く力」は、どん底だった自分を励ます力となり、以来私にとって、書くことが、生きることそのものになりました。

『ちびっこカム』の舞台、カムチャツカを初めて訪れたのは、97年、73歳のときです。物語には「トリブラチーの三人兄弟」という岩が出てくるのですが、そのモチーフは地元でも有名な「トリブラータ」という3つの岩。私はその岩に向かって持参した本を掲げ「あなたたちのことを書かせてもらったのよ」と挨拶をし、お礼を言いました。

カムチャツカで何より印象に残っているのは、山々の美しさです。富士山のような独立峰があちこちにあり、その壮麗な火山群の上をヘリコプターで飛びながら眺めたことは、今でも忘れられません。私はガムリイにもお礼が言いたくて「どこが、ガムリイのいた火山かしら」と探したけれど、もちろん、ガムリイは伝説、分かるはずもありません。でも私は確かに、そのとき、火山群のたなびく噴煙の向こうに、ガムリイの存在を見た気がしました。

神沢利子

たんぽぽさん 後編

やっぱり褒められるって
嬉しいものです。
分からないながらに
初めて書いた童謡を
読んで微笑んでもらえて、
わずかばかりでもそれが
自信になったと思います。

幼い頃から、書くことが好きでした。本を読むことも好きで、子ども時代を過ごした樺太でも、内地から本を取り寄せてもらっては、それを楽しみに読んでいました。女学校時代の楽しみといえば、「少女の友」を読むこと。吉屋信子の少女小説なども夢中になって読んでいました。

樺太を離れ、父と姉2人と共に上京したのが14歳のとき。東京ひばりが丘の自由学園に転入し、姉たちと一緒に自由学園の寄宿舎に入りました。この寄宿舎での生活が厳しくてね。生活する力を重んじる清新な校風は、それまでの樺太での私の生活とはまるで合わず、大好きだった「宝塚歌劇」や「少女の友」は世俗的と否定されたものですから、カルチャーショックと劣等感のうちに肺の病気を発症、休学を繰り返したのでした。

詩や物語を書いて投稿を始めたのは、その頃です。休学していてすることもないから、床の中であれこれ書いては「少女の友」に送り、それが活字になるのが唯一の楽しみになりました。その後、対象年齢の高い「新女苑」も読むようになり、川端康成が選をしている文芸欄に詩や俳句、短歌やコントの募集がありました。コントとは、短編小説よりもさらに短い掌編小説のことで、「姉妹」という短い物語を送り、入選をしました。

入選にあたり、選者の川端康成から「作者は16歳の少女だという……」と書かれたときには、自分の存在が認められたような気がして、とにかく嬉しかった。賞金もいただいたのですよ。書いたものでお金をいただく、ということでは、その経験が、後の童話作家としての私の始まりだったかもしれません。

結局、自由学園はきちんと復学できぬまま4年で修了。勉強とは縁のない生活で、進学できるような学力はありませんでしたが、ある日、文化学院美術部の入試はデッサンのみと知りましてね。「新女苑」での賞金2円を持って、池袋の画材専門店いづみやへ行き、ヴィーナスの石膏像と木炭紙を購入。見よう見まねでデッサンを独習し、なんとか入学を果たしました。入学後、美術部から文学部へ転部。当時の文学部長は佐藤春夫先生、女学部長は与謝野晶子先生でした。

文学部の上級生たちの同人誌「野葡萄」の同人になり、そこで書いた詩に、佐藤春夫先生が目をとめてくださったのも幸運でした。以後、先生に詩のノートを直接見ていただいて、下手な詩でも書いてお見せすると、丸や半丸をつけて返してくださる。それが嬉しくて、どんどん書きました。やっぱり、褒められるって、嬉しいものです。生活に困窮し、30代で再び雑誌に投稿を始めた頃からは、詩人のまど・みちお先生にもお世話になりました。

1956年、32歳のときのことです。夫が幼稚園新聞という新聞の記者をしていたことから、NHKラジオのディレクターと知り合う機会を得たのですが、そのディレクターに勧められ、童謡を書き始めました。童話なら書けるけれど、童謡って、どう書いたらいいか分からないな……と思いながら初めて書いたのが、「たんぽぽさん」です。

のはらがつけた　きいろいボタン
たんぽぽさん　たんぽぽさん
ちょうちょがやすむ　かわいいおいす
たんぽぽさん　たんぽぽさん

そのＮＨＫの方に、童謡の先生はいらっしゃるのですか？　と聞かれ、いませんと答えたら、誰が好きですかと問われ、まど先生と答えたら、すぐに、まど先生を紹介してくださいました。まど先生に最初にお会いしたとき、「たんぽぽさん」を読んで、微笑んでくださったのが嬉しかった。わずかばかりでもそれが、自信になったと思います。

まど先生は、いくつもの出版社や編集の方を紹介してくれました。そして、私が仕事をもらうたび、その編集者にいちいち、お礼状まで書いてくださっていたんです。

当時私は、２人の娘を抱えながら、結核で療養所に入ったり、夫も療養生活が長く、精神的にも、経済的にも苦しい時代でした。そんな状況にも気を使い、面倒をみてくださったんです。奥様に手料理をいただくこともありました。

まど先生はご自身に対して、とても厳しい方でした。作品についても、その人の独自のものを求められました。ときには、私の書いたものを読んで「その表現はすでに他の方が使っています」などと指摘をされることも。先輩たちの詩をすべて知っているわけではないし、書くたびに調べるわけにもゆかず、一時は悩みましたが、あるとき「同じ人間のことだから、似て当然」と開き直ることにしたのを覚えています。先生とのハガキのやりとりは以後、何十年も続き、その枚数は、600枚以上にもなりました。

結局、まど先生に師事しながら、童謡を続けなかったのは、私、音楽が苦手なんです。童謡は当然ながら、作曲が必要で、1番と2番の字数やアクセントも合わせなければならない。いつだったか、「ロバの耳は上向いて」という童謡を書いたとき、作曲家から「ロバの耳は、ヤギの耳ではダメですか?」なんて言われて、そんなの困るって言ったの(笑)。

投稿をきっかけに、個人の方に助けていただいたこともあります。38歳のとき、貧乏ゆえ子どもに柏餅が買えなかった、という情けない思いを歌にして、朝日新聞の「ひととき」欄に投稿しました。

施設の子も今日たべるらん柏餅
わが二人子に買い難きかも

そうしたら、投稿を読んでお便りをくださったクリスチャンのご夫婦がいらして、わざわざ貸家を自分たちで借りて提供してくださったんです。作家として生業がたち、家を持てるようになるまで、5年ほどお世話になりました。

病にあっても、貧しさにあっても、いつのときも、私はずっと、助けられてきました。自分ができる唯一のこと、「書くこと」に助けられ、そのことが常に、私を新しい世界へと導いてくれました。尊敬できる師や善意の人との出会いもまた幸運であり、思えば私は、強運の人。300冊を超える童話を、これまで書き続けてこられたのですから。

神沢利子
たんぽぽさん

前編
「暮しの手帖」第4世紀90号
2017年10-11月号
後編
「暮しの手帖」第4世紀91号
2017年12-2018年1月号

かんざわ・としこ
1924年、福岡県生まれ。児童文学作家。病床での雑誌投稿をきっかけに童話の執筆を始め、『ちびっこカムのぼうけん』『くまの子ウーフ』『流れのほとり』など作品多数。『おばあさんになるなんて』『同じうたをうたい続けて』では来歴を綴っている。一連の功績により路傍の石文学賞、モービル児童文化賞、巖谷小波文芸賞受賞。

料理研究家

鈴木登紀子

おせち料理と母の味 前編

疲れたときには無理をせず
缶詰を使ってもいいのですよ。
素材の取り合わせ方で、
しゃれた一品になりますもの。
でも、「今日は」と思ったら、
気持ちを離さず
正面から向かっていただきたい。

結婚をしたのは22歳のとき、終戦の翌年、昭和21年（1946年）のことです。私は青森県八戸の生まれですが、縁あって東京で結婚生活を送ることになり、モンペ姿にリュックを背負って、満員の汽車に、窓から押し込まれるようにして乗りました。座席も取れず、洗面所に立ち通しで上野まで。本当に大変な旅でした。初めて見た東京は、あたり一面の焼け野原。夫の家がある大森の駅前に着くと、闇市が延々と続いていました。

まだまだ混沌としていて、大変な時代でした。東京は食糧難で、月に1度、八戸の母が食べ物を送ってくれるのが有難かったものです。

木製のりんご箱に、お米からジャガイモ、お魚の干物、椎茸、カンピョウ、昆布まで、いろいろなものを入れて送ってくれました。田舎でのんびり育った私にとって、生き馬の目を抜くような闇市での買い物は簡単なものではありませんでしたから、お給料日前になって、これといったものが買えなくなると、送られた乾物類をもどして使うのが常。ずいぶん助かりました。

料理は少ない材料を工夫して作りました。それはそれで、張り切ってやっていましたし、幼い頃から母にくっついて台所仕事の手伝いをよくしていましたが、「私は料理をすることが好きなのだ」と、はっきり気づいたのは、結婚して最初の年の暮れ、夫の何気ない一言からでした。

おせち料理を作るのに夢中になり、ひとりで夜なべをして台所に立つ私に、夫が「楽しいかい？」と声をかけてきました。私はすぐに「楽しいわよぉ」とお返事をしたのですが、夫は無口で余計なことは口にしない人。そんな夫が声をかけてきたのも意外なことでしたし、「楽しいわよぉ」と口にしたことで、自分の気持ちを改めて知るような驚きがありました。

料理教室を始めたのは、そのずっと後、30代も後半になってからのことです。きっかけは、自宅の2軒先のお宅のご夫人との出会いでした。

長女の小学校入学前、そろそろ自分たちの家を持ちたいねという話になり、大田区の多摩川の近くに家を買い、転居しました。我が家は娘が2人、息子がひとり。3人とも遊び盛りで、家の垣根を越えて走り回り、2軒先のお宅のお庭にもよくおじゃまをしていました。その家には、リウマチを患い、籐椅子に座ったきりのご夫人がいらしてね。「いつも子どもたちが騒がしくて申し訳ありません」と、転居した年の暮れにおせち料理をお届けし、ご挨拶をさせていただきました。それからお付き合いが始まり、折りを見てはお料理を持ってお訪ねする関係に。お家に伺ってお掃除やお洗濯をして差し上げることもありました。

そのうち、夕食はいつも2軒分用意してお届けするようになり、その料理が美味しいと喜ばれていることがご近所に伝わってね。子どもたちのママが我が家に集まるときも、私の料理をみんなで囲むことが増え、ご近所の方やママたちのリクエストで料理教室が始まりました。

ＮＨＫのテレビ番組「きょうの料理」に出ることになったのは、46歳のときです。料理教室の評判を聞きつけ、雑誌社が取材に来るようになり、料理写真家の佐伯義勝さんなどがＮＨＫに推薦してくれたと聞きます。以来、46歳から93歳になる今の今まで、「きょうの料理」に出なかった年はないのよ。もう40年以上。これはちょっとした自慢です。

テレビって緊張しませんか？　とよく聞かれますが、私、テレビであることは忘れてお料理に没頭してしまうので、緊張することはないわね。大事なのはお料理。自分を良く見せようなんて気はさらさらありませんし、話だってセリフみたいに決まったことをペラペラとは言えないから、そのときどきで、聞かれたことに答えるしかありません。でも不思議なことに、リハーサルでは収録時間を5、6分オーバーしても、本番では、ピチッと、時間通りに収まります。

いつだったか「先生、3分何かしゃべってください」と言われてしゃべったら、ピタッと3分で収まったこともありました。3分って言われたら、どのあたりかな、というのは、なんとなくわかります。料理でもそうです。それは「勘」というよりも、「気」のようなものではないかしら。

料理をしているときは、絶えず離れず、料理を気にしています。うっかり焼き焦がしたり、吹きこぼしたりすることはありません。それは「気をつけて」いればいいことですもの。うっかりというのは、たるみだと思っています。もし気をつけることができないくらいなら、そんな日は作らないほうがいい。疲れているときには、無理をしないほうがいいのですから。

でも、今日は作ろうと思うなら、ちゃんと作る。気持ちを離さずに正面から向かう。盛りつけも、私はよく「正面からしなさい」と言います。横からしますと、美しさが失われるのです。器をちゃんと並べておいて、順序よくする。お料理は、本当にきちんとなされば、どなたでも、それなりにきれいにできるものです。

そういった盛りつけへの姿勢はもちろん、私の料理のすべての原点は、やはり、母にあります。

私の母は、岩手の宿屋の娘で、料理がとても上手な人でした。篆刻家だった父は酒豪でしたから、晩酌に毎日、2時間はかけていたと思います。料理を一気に並べて出すと父の機嫌が悪くなるものですから、母は一品ずつ作って出していました。大変だったと思いますよ。私は男3人、女3人兄妹の末っ子で、その料理を父に運ぶのが、物心ついた頃からの役割でした。

父に料理を運ぶと、必ず「あーんしなさい」と言って、一口食べさせてくれたものでした。そこで酒の肴の美味しさを知ったようなものです。残念ながら、私はお酒がまったく飲めないのですが、酒の肴になるようなおかずは大好きになりました。

母の手から作られるお料理の美味しさと美しさ。それを口にできるのが何よりも嬉しく、母と「母の料理」を見ているのが楽しくて仕方ありませんでした。みなさんが美味しいと言ってくださる私の献立の多くは、母から受け継いだものです。おせちも、お正月のお雑煮もそう。三が日はイクラの入った豪華な「南部雑煮」を食べ、4日以降は、大根やにんじん、油揚げの千切りを入れ、セリを散らす、体にやさしい「ひき菜雑煮」をいただきます。どちらも、私にとっては、母の味。忘れがたき〝おふくろの味〟です。

人生のご褒美 後編

鈴木登紀子

努めて明るく。
それは相手への気遣いでもあるし、
その場を楽しむための
一番の方法でもあります。
なるようになる。
忘れていいことは、
忘れていいの。

初めて「ばぁば」と呼ばれたのは、今から15年ほど前、80歳になった頃のことです。NHKの「きょうの料理」に長年携わってきたディレクターの河村明子さんが、私の料理指南のシリーズに、愛称を付けようと考えてくださって、ばぁさんでも、おばあちゃまでもなく、ばぁばというのはどうでしょうと、提案してくださいました。

それで「登紀子ばぁば」になったわけですが、あら、すごくいいわね、と思い、私は二つ返事ならぬ三つ返事でOKです。今では、外でも、「ばぁば先生」なんて声をかけられたりして。失礼だなんて思ったことは一度もありません。だって、孫5人、ひ孫も5人。ばぁばに違いないもの。

「きょうの料理」への出演はもう40年以上になりますから、毎月10日間、自宅で開催している料理教室とともに、私の生活の一部のようになっています。失敗はいくらでもありますよ。私としては、今でも毎回、ほぞをかむ思いです。

満足なんてしない。できない。もっとこうすればよかったと思うことはたくさんあり過ぎて言えないくらいです。いくら台本があったって、台本はあくまでも進行の目安ですから、見ている方々への説明やアドバイスは「私の言葉」で言うべきであり、あのときの言葉はちょっと違ったわ、なんて悔やむこともしばしば。それは私、死ぬまであるんじゃないかしら。特に料理については、そんなに簡単に満足できるような私ではないわ、とも思っています。

でも、そんなふうに悔しいと思っているところなんて、人様には見せられません。私ね、人前では、明るくいたいんです。電話にも必ず明るい声で出ます。暗く沈んだ声で出たら、嫌な気持ちにさせてしまうでしょ。少しくらい体調がおかしくても明るい声で出るから、相手は気がつきません。よっぽど具合が悪かったら、電話には出ません。

常に明るく。それは相手への気遣いでもあるし、その場を自分で楽しむための一番の方法でもあります。私だってひとりになったら考えごとをすることもあるし、落ち込むこともあるけれど、努めて明るくいることで、長引かせないところはあるわね。

考えたってどうにもならないことって、みなさんそれぞれに、あると思います。人に言ってもどうしようもないことだって、あるんじゃないかしら。だからこそ、「努めて明るく」って大事なことだと思うわよ。「なるようになる」と思うのも大事なこと。忘れていいことは、忘れていいの。明るく、優しい気持ちでお料理すれば、優しい味になるものですし、優しいお料理を食べていれば、なんとか元気に生きていけるんじゃないかしら。

今、私の心の支えになっているのは、夫との思い出です。夫は２００９年に91歳で亡くなったのですが、63年連れ添った夫との日々の思い出はもちろん、晩年に２人で過ごした「とっておきの時間」の思い出があります。

夫がまだ80代、私が70代だった頃、毎年6月になると3週間弱、スイスへ旅行に行きました。夫は出発の2カ月ほど前になるとスイスの地図と鉄道の時刻表を買い、行く先々にペンで赤線をひいてね。なんでも調べておいてくれたから、私はただ付いて行くだけ。両替だけは私でもできたわね。「プリーズ、チェンジ」って言ったら替えてくれるから。一度スイスの銀行に寄ったら驚くほど立派で、ショーン・コネリーでも出てきそうな雰囲気の建物だったわ。

スイス旅行は最初の1年だけ、まずは「小手調べ」ということで、団体ツアーに参加しました。いろいろな方が参加していて、その旅も面白かったのだけれど、移動が多く、朝の7時にはトランクを出さなければならなかったりと、慌ただしくて……。可笑しかったのは、ツアーの道中、インターラーケンまでバスに乗ったら、とても素敵なホテルと、コンクリート打ちっ放しの、「そんなに素敵でもないホテル」が並んでいたの。その間にバスが入って行ったから、私は素敵なほうを指差して「パパ、ここだわね」って言っていたのだけれど、現実は、さにあらず。打ちっ放しのほうでした(笑)。あまりにも差があるものだから、夜、2人でお隣のホテルに食事に行ったら夫も気に入って、「来年からは、ここにしよう」と言ってくれました。それから10年間、毎年、インターラーケンでは2人でその「素敵なほう」に泊まりました。

夫も私も旅が好きでした。でも歳でしょ。だからツアーではなく2人で行くようになってからはゆっくり、本当にゆっくりの旅でした。同じホテルにだいたい5、6泊。夫は散歩が好きな人だったから、宿泊先のホテルの周辺をぶらぶらと歩くのが楽しみでね。行くところも毎年同じところが多いから、土地の人との交流も増えました。

アルプス山脈のユングフラウの麓には、いつも行くお土産屋さんがありました。その店のおじさまと夫は会うたびに「お前もまだ生きていたか」と言って笑い合い、称え合い、「来年もまた来るよ」と握手をしていたのよ。

サンモリッツにはお気に入りのうつわ屋さんがあって、陽気なイタリア系の店主が「トキーコ、トキーコ！」と行くたびに喜んでくれました。その人も毎年、夫と握手をし、たわいのない会話を楽しんでいました。レマン湖のほとり、ローザンヌも忘れられない場所のひとつです。

ローザンヌには「ボーリヴァージュパレス」というホテルがあり、いつも湖に面した、いいお部屋をとってくれるマネージャーがいたの。あるとき、別の方の手違いで山側にお部屋がとられていたのだけれど、廊下でばったりマネージャーに会ったら、すぐレイクサイドのお部屋に替えてくれました。10年目のとき、そのマネージャーに「いつも気にかけてくれてありがとう。来年からはもう来られないの、私たちも、おじいさんとおばあさんになったから」と、お別れの挨拶をしました。彼が「何か記念に欲しいものはありますか」と聞いてくれたから、私、お皿が欲しいって言ったの。

そうしたら、ホテルのロゴの入った新しいお皿を2枚、箱に入れてプレゼントしてくれました。ボーリヴァージュパレスのお皿は、今でも大切に使っています。
スイスの山々の写真や映像を見るたび、美しい湖畔の景色を思い出すたび、私はとても幸せな気持ちになることができます。人に話をしなくても、わかってはもらえなくても、楽しかった思い出にひとりで浸っていられるだけで、充分幸せ。
思い出って、自分だけのものですから。いい思い出は何よりも大きな、人生のご褒美ではないでしょうか。

すずき・ときこ
1924年、青森県生まれ。料理研究家。家庭料理が近所で評判となり46歳で料理研究家の活動を始め、テレビ、雑誌など幅広く活躍。食卓での作法をふくめた、和食の基本を伝える。自宅で料理教室を主宰し、NHKの料理番組「きょうの料理」へは40年以上にわたり出演、「ばぁば」の愛称で親しまれた。2020年逝去。

前編
「暮しの手帖」第4世紀92号
2018年2-3月号
後編
「暮しの手帖」第4世紀93号
2018年4-5月号

中村メイコ

女優

人生これ喜劇 前編

「メイコに涙は似合わない、
いつも笑っているんだよ」
それが私の父の口癖で、
子守り歌でもありました。
それを聞いて育ったからか、
私はずっと喜劇路線。
根っからの楽天家なんだと思います。

名前がメイコという通り、「May」、5月生まれで、今年の5月に84歳になりました。仕事歴は82年。2歳から子役を始め、気がついたら女優でした。だからでしょうか、女優という仕事については、気負ってなにかを決意したこともなければ、これといった転機もなく、有難いかな、大きな挫折も思いあたらず、ズルズル、ズルッと、今日まで至るというのが、嘘偽りのない実感です。

ただ、ひとつ、その「女優人生」の始まりに、父がくれた言葉は、大きかったように思います。

父、中村正常《まさつね》はユーモア小説の作家で、娘から見てもちょっと「変わり者」だったのですが、私がまだひとりでは歩けないくらい小さな頃から、少しでもグズって泣いたりすると、「ほらほら、メイコに涙は似合いませんぞ。いつも笑っているんだよ」と言いました。——君に涙は似合わない。それは父の口癖のようであり、幼心に刻まれる子守り歌のようでもありました。

4、5歳の頃だったか、少し物心ついてから、「パパ、どうして、メイコに涙は似合わないの?」と大真面目に聞いてみたことがあるんです。そうしたら、父はちょっと困った顔をして、こう言いました。

「そうだね、美人なら、たまに涙もいいものだが……」。それで私は、すべてを悟りました。そうか、私は美人でもないし、目に涙を浮かべ、みんなの同情をひくようなタイプではないんだな。いつも笑っていなさい、ということは、喜劇路線で行くんだな、と。

当時は、スターといえばエノケン（榎本健一）さん、ロッパ（古川ロッパ）さんという時代。彼らに加えて、私の周りには柳家金語楼さんや森繁久彌さんといった、喜劇の大スターたちがたくさんいらっしゃいました。その方たちと一緒に、文字通り「明るい喜劇」をやってこられたことは、本当に良かったと思っています。

私は、学校は小学校しか出ていません。それも父の思惑で、ときは太平洋戦争まっただ中、父は子どもに戦時教育を押しつけられるのを嫌がっていましたし、やがて来る平和な時代を生き抜くためには、当時の教育ではダメだと考えていました。それよりも社会という名の学校で――私の場合は芸能界という特殊な世界ではありましたが――学ぶことの大きさを、父は見据えていたのだと思います。

私自身も、学校より撮影所や舞台で仕事に打ち込むほうが好きでした。現場で学校の先生の代わりになってくれたのは、先に挙げた喜劇の大スターたちです。

英語はロッパさん。英文雑誌の編集長もされていたくらいですからね、アクセントも含め、とてもいい英語を吸収させてもらいました。ロッパさんは、毎日欠かさず日記をつけていらっしゃったのですが、その影響で私も、その日にあった印象的なことを書き留めておくようにもなりました。今日という日を面倒くさがらずに整理し、文字にする。とても素敵な習慣を与えていただいたことを、ロッパさんには感謝しています。

エノケンさんは絵がお上手、動物にも詳しく、猿だったら、こうやって描いたら面白いよ、なんて、とてもチャーミングに動物の生態や描写の妙を教えてくれました。国語は、弁士として一世を風靡した、徳川夢声さん。難しい漢字も漢文も、夢声さんにかかればお手のもの。夢声さんは植物についても詳しく、撮影の合間をぬってフィールドへ出ては植物観察、理科の先生もしてくれました。自らを「雑学の大家」と称するほど博識。それでいて常に、相手の意見にも耳を傾ける夢声さんの姿勢に触れ、「こんな大人になりたい」と子ども心にも憧れを抱いたものです。

それにしても、10代は忙しかったですね。ほとんど寝られない状態が1週間続くなんてこともありました。テレビの生番組を週に十何本と抱え、ラジオで話し、映画を撮って、舞台に上がる。ハードスケジュールなんてもんじゃないくらい、ハードでした。その頃、一度だけ、さすがの私もおかしくなってしまって、なんとなく、死にたくなったことがありました。

17歳だったと思います。本当に「なんとなく」なんですけど、海に飛び込んで死んでしまおうと思って、銀座からタクシーを拾い、少女時代に住んでいた神奈川県は茅ヶ崎の海まで行ってもらいました。そして、本当に、そのまま、服のまま海に飛び込んで……。

でも、私、泳ぎが上手いんです。だから、海に飛び込んだものの、つい泳いでしまって、溺れない。どこまで行っても沈まない。泳いで、泳いで、疲れ果て、波打ち際でぐぅぐぅ寝ていたら、偶然、幼い頃から親しくさせていただいていた徳川夢声さんのお嬢さんが通りかかったんです。

夢声さんのお嬢さんは、茅ヶ崎海岸の近くで旅館をやっていらして、波打ち際を散歩していたら、誰かが倒れていて、顔見たら、メイコちゃんじゃない！ と。服もずぶ濡れだし、なにかあったのね、とは思われたようで「お父様かお母様に連絡するわ」と声をかけてくれました。両親には連絡をしないでくださいと頼むと、じゃあ、誰に連絡したらいいのかと聞かれ、そのとき、とっさに出た名前が、後に夫となる神《こう》津《づ》善行《よしゆき》さんでした。

神津さんとは知り合ったばかり。なぜ、神津さんだったのか、それは私の人生の中の、唯一のナゾと言ってもいいのですが、たぶん、私が知っている「普通の男の子」が、彼しかいなかったからだと思います。他はみなさん俳優だったり監督だったり、世に名の知られた人ばかり。でも、普通の男の子で、私の2、3歳年上の人だったら、きっと、17歳の「なんとなく死にたくなっちゃった」という気持ちを、わかってくれるんじゃないかと思ったのでしょう。

若き青年の神津くん、茅ヶ崎まで来てくれましてね。これはあとから聞いたのだけれど、そのとき、「この人と結婚して、なんとか助けてあげたい」と思ったのだそうです。海に飛び込むくらいだから、よほど深い悩みがあるのだろうと、とてもオーバーに受け止めたのでしょう。

その後もゆっくり寝られることなんてなく、結婚してからは女優、妻、母親という三役でまた忙しく、睡眠時間はいつも3時間程度。それでも、あれきり死にたくなんかならないのは、一にも二にも、楽天家だからなんだと思います。根っからの喜劇路線ですからね。私の人生もまた、愛すべき喜劇のようでありたいと思っています。

ひとり三役 後編

中村メイコ

女優、妻、母。
ひとり三役を果たしていた
子育て時代はいつも本当に忙しかった。
でも振り返ってみれば、私もずいぶん、
楽しませてもらいました。
人生って一番忙しいときが、
一番楽しいときなのかもしれませんね。

20歳で作曲家の神津善行さんと婚約、23歳のときに結婚をしたのですが、実は私、結婚を機に、仕事を辞めるつもりでした。

普通の家庭生活というものに、強い憧れを持っていましたから、「おむつをしている頃からやってきた女優という世界から、専業主婦という、まったく知らない世界に行ってみたい――」、神津さんにそう伝えたのですが、彼はこう言いました。「バカなことを言うんじゃない、これからの女性は結婚しても何かひとつ、自分の専門職を持って生きていく時代だ」と。あんまりはっきり言うものですから、ああ、そういうものなのか、と思い直しましてね。神津さんは、こうも言いました。「僕は、中村メイコという存在が〝面白いから〟一緒に暮らしてみようと思ったのであって、君に僕の着ている服を洗ってもらうために結婚するんじゃない」と。

そんなこんなで女優を続けることになり、結果的には、神津さんの服も洗うことになるわけですが、女優、妻、そして3人の子どもの母親という三役は、寝る時間を削らなければ、できませんでした。睡眠時間は常に3時間程度。よくぞ身体がもってくれたものだと思います。

子どもたちが高校を出るまで、「夕飯は家族で食べる」ことを原則としていました。となると、仕事が入っていたとしても、夕方の5時頃から8時頃までは一時中断。「お笑いオンステージ」のときには、おかしな格好のまま急いで車に飛び乗り、家に帰って、朝下ごしらえをしたものを温め、「さあ、みんなでご飯を食べようね」と食べさせて、また仕事場へ戻る。

芸能界の常識で言えば、本来許されることではないし、その「原則」は、女優としてはある意味、マイナスだったかもしれません。でも、私は女優であり、妻であり、母でもある。母であるなら、できる限り「普通の母ちゃん」をやりたい。その信条がゆらいだことはありませんでした。お弁当も毎朝作りましたよ。娘たちの学校は幼稚園から高校までお弁当でしたし、年の離れた息子の時代まで入れると、私のお弁当生活は実に、30年近く続きました。

長女のカンナは変わった子で、いつも突拍子もないことを言い出して驚かせてくれたものですが、お弁当でもね、ある日、「明日はお茶漬けがいい」と言い出しまして。となれば、いつものお弁当箱にお茶をかけても美味しくないだろうと、私も考えましてね。塗りのお盆に、塗りのお椀とお箸をつけ、細かく刻んだお漬け物を3種類くらいお皿に盛ってラップして、お急須にお茶の葉も入れて、「はい、お望みのお茶漬け弁当よ、学校でお湯だけいただきなさいね」と持たせたことがありました。

「今日は時代劇みたいなお弁当がいい」と言われれば、大きな握り飯を、庭のヤツデの葉にくるくるっとくるんで、「ほら、木枯し紋次郎みたいに肩にかけて持っていきなさい！」なんて言って持たせたものです。「新珠《あらたま》三千代さん風のお母さんになって」

とリクエストされれば、わざわざ着物を着て割烹着もつけ、しおらしくしてみせる。冗談だって、やるからには、それらしく。私、「雰囲気派」ですから。雰囲気作りには手を抜きませんでした。

ひとり三役の子育て時代、忙しかったけれど、振り返ってみれば、私もずいぶん、楽しませてもらいました。人生って、一番忙しいときが、一番楽しいときかもしれません。神津さんは私が〝面白いから〟結婚するのだと言ってくれたわけですが、子どもたちも3人とも、学校で「あなたのお母さんの一番好きなところはどこですか？」と聞かれ、面白いところと答えたそうです。それが親として良かったのか、悪かったのかはわかりませんが、まあ、面白くないよりはね。面白くて、楽しいほうがいい。

私ね、常々思ってきたことがあるのですが、人生って、降りかかったことを、いっぺん面白がってみるといいんじゃないかと。たとえ夫が離婚したいと言ってきたとしても、とりあえず一度自分の感情は置いておいて、その状況を面白がってみる。きたぞ、離婚かー！　さて、どんな顔をしたら一番かっこいい女房になるか、その展開やいかに！　とかね。まあ、そこまで極端な話でなくとも、生活って、いちいち、そのすべてを生理的に受け止めていたら大変なことになってしまうと思うんです。

日々、日常は、当然ながら、楽しいことばかりではありません。今寝たばかりなのに耳元で目覚まし時計が鳴るという現実は、面白くもなんともない。でも、それを嫌だ嫌だとそのまま受け止めるより、睡眠時間3時間で立派に女優と奥さんと母ちゃんをやっているなんて、あぁ、中村メイコさんってなんて素敵なの！　と、思いっきり悦に入って毎朝起きるんです。

疲れて何もしたくない、どこか素敵なレストランにでも連れていってくれないかな、と思っているのに、家に帰れば「メシまだ？」と家族に聞かれる。そんなときには、そうよ！　みんな、どんなに美味しいレストランよりも、私の作るご飯が好きなのよ！　と思うと、ちょっといい気持ちになるじゃないですか。そこで「面倒くさい」と思って不機嫌になったら、どんどん嫌になっちゃう。

それは、前向きに捉える、ということともちょっと違っていて、もしかしたら私は、臆病なのかもしれません。自分が嫌な態度をとり、そのことで相手に嫌な顔をされるのが怖いというか、ものすごく好きじゃない。自分の周りの人が困っていなくて、機嫌がいい、という状況が何よりも好きなんです。

映画や舞台の現場でも同じです。もし、何か、自分の理想とは少しくらい違うことがあったとしても、その瞬間、個人の小さなわがままを通して、仕事が長引くより、少しくらい自分が妥協したとしても、みんなが気持ち良く、滞りなく進むほうがいい。そのほうが結果、幸せだという、長年の経験と教訓のようなものがあって、「この場」を良くしたい、この場を良くすることが、自分にとっても良いのだという意識を常に持ってきました。
女優も妻も母も、ひとりではできません。相手あってのことですからね。今までせっかく培ってきた関係が、感情的な一言で壊れてしまったら、もったいないじゃないですか。だから、来る日も来る日も、メイコさんは面白く。それでいいんじゃないでしょうか。

中村メイコ
ひとり三役

なかむら・めいこ
1934年、東京都生まれ。女優。37年に2歳8カ月で映画俳優デビュー。以降、喜劇を中心に数々の映画、テレビドラマ、演劇作品に出演。バラエティ番組でも親しまれ、数多くのエッセイ集を発表、文筆家としても知られる。古舘伊知郎氏との共著『もう言っとかないと』など著書多数。夫は作曲家・神津善行。2023年逝去。

前編
「暮しの手帖」第4世紀95号
2018年8-9月号
後編
「暮しの手帖」第4世紀96号
2018年10-11月号

バレリーナ

森下洋子

親指1本でも 前編

広島を生き抜いた祖母の根底には、
生きていることへの感謝と
生きることを諦めない
強さがありました。
祖母がそうであったように、
私も生きることへの喜びと感謝を
忘れないでいたい。

1945年。私が生まれるわずか3年ほど前。人類に起きてはならないことが、広島と長崎で起きました。

あの年の、8月6日。女学生だった母は、学徒動員で朝から広島郊外の工場で働いていましたが、母の母、つまり私の母方の祖母は広島市内の自宅におり、原子爆弾という、空から落とされた悪魔の光と爆風に痛めつけられました。あっと言う間に半身を焼かれ、当時兵舎のあった江田島に運ばれて、お経まであげられていたというのです。およそ人間では考えられないような場所に、横たわっていたのだと思います。

戦後、母はホッケーの選手だった父と結婚し、私と妹が生まれます。私たち家族は、祖母ともずっと一緒に暮らしていました。小学校に入ってから、長い休みのたびに東京のバレエ学校へ通うようになるのですが、そのバレエ費用のために母はステーキハウスをはじめ、祖母が私と妹の世話をしてくれていたのです。

祖母はいつも明るくて、前向き。生きることへの喜びにあふれた人でした。左半身のやけどは顔も含め、服で隠せない部分も多く、誰の目から見てもわかるもの。指は曲がっていて、親指以外の4本がくっついていました。

私は生まれたときからその姿を見ているので「おばあちゃんは、そういうものだ」と思っていましたが、友だちが家に遊びにくると、最初はみんな、びっくりするんです。でも、明るい祖母の性格にふれ、会うたびに打ち解けて、親しんでくれました。

祖母が愚痴や恨み言を言ったことはありません。お経まであげてもらったのに生きていられる、そう言って笑っていました。銭湯にも平気で行きましたよ。一緒にいて、私は一度も祖母を恥ずかしいなんて思ったことはありませんでした。それが祖母のすごさでしょう。そして、こうも言いました。

「親指1本でも、洗濯はできる」

親指以外の指が使えないからダメだ、ではなく、他の指は使えないけど、親指は使える、と言う。祖母の根底には、いつも生きていることへの感謝があり、生きることを諦めない強さがありました。

その生き方がどれほど勇気のある美しいものであったか。一緒に暮らしていた頃は、まだ幼く、わかっていなかったけれど、大人になってつくづく、祖母の生き方を誇らしく思いました。

人間って、ひとつのことを、考えようによっては、いくらでも悪く考えられてしまうし、良く考えようと思ったら、いくらでも良く考えられるものなんです。困難と言われるようなことであっても、工夫すればなんとかなるのではないか。クヨクヨして立ち止まるより、できることを見つけて、行動したほうがいい。

振り返れば、幼い頃私は「小さくて身体の弱い子」でした。病気が多く、幼時の記憶には、夜中にお医者さんへ運ばれたときのことが多いのです。お医者さんが、このままじゃあちょっと、と言って近くの幼稚園で行われていたバレエ教室を勧めてくださったのが、バレエとの出会いでした。素晴らしい運命ですよね。

バレエをはじめた頃はとても不器用で、ステップの覚えも人一倍、悪かったんです。それでも、やってみる。何回かやっていくうちに、できるようになるし、できたときには、嬉しくてたまらない。その繰り返しです。幸せなことに、生来、楽観的な性格でもあるのでしょう。まず「ダメだ」とは考えない。私ね、人にもよく言うんです。「大丈夫だから」って。稽古場で生徒さんたちにもいつも言っています。

「大丈夫、まず、やってみよう」

人より遅れてもいいんです。自分と他人を比べても意味がない。だって、私は、その人ではないのだから。できる人はすごいと思うけれど、できないから私はダメだ、とは思いませんでした。時間はかかるけれど、続けていけば、絶対にできるようになる。ある人にとっては1週間のものが、1年、2年、10年かかるかもしれない。でも、バレエを辞めようと思ったことはないし、もうダメかなと思ったこともありません。

両親は、バレエのおかげで私の身体が丈夫になったことを喜んでいましたが、そこからバレエに一直線、生涯を捧げるほど夢中になるとは、驚きだったと思います。レッスンのために広島から東京のバレエ団に通いはじめたのは小学2年生、8歳でした。当時、広島と東京は遠く、夜汽車に乗って12時間。バレエの先生が「ヨウコブジツイタ」と母に電報を打ってくれるのですが、その知らせを見るまで眠れなかったと、後々、母が言っていました。

11歳で私が単身上京をするときも、本当は、心配で仕方なかったはずです。私は毎日バレエができることが嬉しくて、寂しいとは思わなかったのですが（笑）。「この子は、バレエにあげた子」と覚悟を決め、側にいてベタベタするより、遠く離れても子どもを信じる、良い両親だったと思います。「自分たちの知らない世界のことだから、お金は出すけど、口は出さない」と、本当に、一切、口は出しませんでした。ただひとつ、身体には気をつけてね、と。そう言われると、むしろ、子どもは自分で「しっかりしなきゃ」と思うのね。「信頼」が私を支えてくれました。

高校卒業後は親からの仕送りも一切受けませんでした。親としては、少しは援助したい気持ちもあったと思いますが、がんばって「仕送りをしないでいてくれた」ことにも、感謝しています。レッスンの合間をぬって、お弁当屋さんでアルバイトをしたり、発表会の衣装づくりを一手にひきうけ、縫い賃をもらったり。「自分でやっていく力」がついたことはもちろん、プロのアーティストであるということは、ひとりの生活者でもある、という意識を持てたことも大きかったと思います。

祖母は、私が32歳のとき、79歳で亡くなりました。私が踊っているのを見るのが好きで、小さい頃は、良かった、良かったと褒めてくれたものです。私も70歳になろうかという今、この歳まで踊っていると祖母が知ったら、きっと喜んでくれるでしょうね。踊り続けていられるのは、多くの人の助けがあってこそ。踊ることへの喜びと感謝を、そして、祖母がそうであったように、私も、生きることへの喜びと感謝を、常に忘れないでいたいと思っています。

森下洋子
親指1本でも

森下洋子

何のために踊るのか 後編

レッスンは今でも1日5、6時間。
時間をかけて、やっとできるようになる。
少しずつでも、繰り返しやっていれば、
必ずできるようになる。
それは何のためなのか、
踊り手は常にその問いを
持ち続けねばなりません。

3歳でクラシックバレエに出会って以来、私の願いは、ただただ、バレエを続けたい、それだけです。

その思い一筋に、舞踊歴67年となる今も、バレエを続けさせていただいているのですから、なんと幸せなことかと思います。

レッスンは1日5、6時間。時間の長さを決めているわけではないのですが、午前中から基本のバーレッスンを行い、リハーサルをして、またみんなと踊って……としていると、結局、そのくらいの時間になってしまいます。

毎日稽古ができることが本当に幸せです。バレエは私の人生のすべて、呼吸することと同じくらい自然なことです。

バレエって、ある日突然、できるようになるものではないんです。時間をかけて、やっと、できるようになる。繰り返しやっていれば、必ずできるようになるということも、身体でわかっています。人と比べて競争するものではないし、コンクールだけがバレエではありません。実は私、コンクールって、バレエにはあまり必要ないと思っているんです。

25歳のとき、ブルガリアで行われる「ヴァルナ国際バレエコンクール」で金賞をいただきました。20代という若い情熱でバレエに燃えていた頃のこと。世界の踊りがどういうものなのかを知りたい、という思いがまずありました。ヴァルナは、国際バレエコンクールの中で最も古い歴史があり、世界各国から100人以上の踊り手が参加、1カ月近くかけて審査が行われます。そこでの金賞は確かに、私にとって世界に出る大きなターニングポイントになりました。同時に、「日本人にバレエが向いている」ということを、日本の、多くの方に感じてもらうことができ、バレエという芸術を広く知ってもらう機会になったことを何よりうれしく思いました。でも、そこから後は、自分次第。その「後」が、長い。

ヴァルナで金賞をいただいてからすでに40年余り。今も踊り続ける原動力となっているのは、ともにヴァルナにも出場した夫、清水哲太郎からの「君は何のために踊っているの?」という言葉です。

清水からそう聞かれたのは、コンクールに行く前のことなのですが、一緒に踊ったときに、ふいに聞かれ、言葉が出ませんでした。

私は小さい頃からバレエが好きで好きでやってきたので、「好きだから」と答えるのかと自分でも思ったのに、なぜだか言葉に詰まり、「この人は何を言っているのだろう」と、考えさせられました。

もちろん好きだから踊るのだけれど、自分自身の喜びを超えて、ひとりの表現者として、本当に大切なことは何か。自分の踊りは、表現は、何のためなのか。私の場合、たとえばそれは、生きていることの素晴らしさや尊さを伝えること。あたたかな、あふれ出る気持ちを、舞台から客席にお届けすること。清水から投げかけられた「何のために」という問いは、以来ずっと私の中にあります。

踊り手はみな、この問いを胸に持っていなければならないと思います。舞台は、自分ができることをお見せして満足する場所ではありません。技術は必要です。でも、それだけでは、涙が出るほどの感動を観客に与えることはできないと思います。だから舞台では、コンクールの審査のような、あの動きが良かった、あの回転が良かったという批評はいらないんです。アーティストとして「何を」伝えるのか。常にそのことを持って、作品と向き合っていかなければならない。

清水との会話は、昔も今も、踊りのことばかり。「夫婦」というよりも、同志のような関係です。昔から、結婚相手は、バレエをこよなく愛している人じゃないとダメだと思っていましたから、理想の人ですね（笑）。バレエに対する思いは、あちらのほうが強いくらいです。

同業夫婦は思いが強いほど衝突することもあると聞きますが、今まで、ぶつかったことはないですね。彼は踊り手であり、演出・振付家です。演出・振付というのは、何もないところから作品を創り出すのですから、それができるというのは、本当にすごいと思います。

踊り手は、演出・振付家とぶつかりながらやっていく人と、絶対的に言うことを聞く人と、大きくはふたつのタイプに分けられます。私は「絶対的に言うことを聞くほう。文句は言いません。踊り手として、要求されたものが常にできるようにしておきたいと、いつも思っています。たとえ相手が清水じゃなくても、振付家に「こうしてください」と言われたら「はい！」と言うだけ。私は稽古場で一番の年長者ですが、一番大きな声で返事をするのも私です。

クラシックバレエは、本当に素晴らしい。人間の肉体を使って、心の中を、思いのたけを、伝えることができるのですから。

絵画や写真、文章は後に残すことができるけれど、バレエの「バレエたる強さ」はそのとき、その場にしかなく、一瞬で消えてしまう。でも、美しい。その「一瞬の美しさ」が忘れられないという人がいっぱいいてくださる。その魅力を追求していけばいくほど、素晴らしさにまた気づく。終わりのない、芸術だと思います。

バレエを続けるために心がけていることはさまざまにありますが、第一は、怪我をしないこと、病気をしないこと。そのためには、身体を冷やさないようにすること。コンディションを保つことについてはかなり神経質にケアしています。コツと言えるのかはわかりませんが、徹底してきたのは「ペースを崩さない」ことですね。舞台の日から逆算して考えれば、今、この時期に何をやらねばならないのか、はっきりとわかるので、目標までの流れを計画して、それに沿って、淡々と、自分のペースでやっていきます。

レッスンは休みません。昔、ご婦人たちのランチ会に随分呼んでいただいたことがあるのですが、全部お断りさせていただきました。日々のレッスンが何よりも大切なのです。ランチは、ほとんどとりません。チョコレートかチーズをつまむくらいで、そのままリハーサルに突入します。

とにかく、続けたいんです。私はあまり目標を持ちません。明日もちゃんとレッスンができて、リハーサルができること。そうやって、バレエを続けることで、あたたかい愛をお届けしたい。毎日、そういう気持ちでいます。

前編
「暮しの手帖」第4世紀97号
2018年12-2019年1月号
後編
「暮しの手帖」第4世紀98号
2019年2-3月号

もりした・ようこ
1948年、広島県生まれ。バレリーナ。3歳でバレエに出会う。71年、松山バレエ団入団。74年、夫で現・松山バレエ団総代表の清水哲太郎とともにヴァルナ国際バレエコンクールに出場、金賞を受賞する。82年には日本人として初めてパリ・オペラ座に出演するなど日本を拠点としながら世界で活躍を続ける。著書に『バレリーナの羽ばたき』ほか。

伊藤比呂美

詩人

道行き

前編

日本、アメリカ。熊本、東京。
私はずっと移動ばかり。
大変でしたけど、しょうがなかった。
どちらかだけに
住むわけにはいかなかった。
行ったり、来たりの人生のはじまりは、
26歳で渡ったポーランドでした。

私ね、ジェットコースターに乗っているような人生だったんです。離婚したり、結婚したり、離婚したり。人生の転機、いろいろありました。でもやっぱり、ポーランドに行ったってことが、大きかったと思うんですよね。最初に行ったのは、1982年。26歳でした。

行きたくて行きたくて、しょうがなかったんです。当時つき合っていた男がポーランドに行っちゃって。でも、それだけじゃなくて、とにかく、外国に住んでみたかった。日本を出たいという思いが常にあって、ポーランド行きは、渡りに船。日本を出る千載一遇のチャンスでした。

行ってみたら、まあ感動でしたね。あの時代の、東欧の端っこの、社会主義国。日本から一番遠いものが全部あった気がします。日本での生活では物がないとか足りないなんてことなかったのに、あるはずのもの、当たり前だと思っていたものが、全部、ない。

まずね、ポリ袋がなかったんですよ。最初は、ふうん、ないんだ、くらいなもんでしたけど、それから5年後に再び、そのときは子どもも生まれていたので家族でポーランドに住むことになったんです。で、子どもたちが、学校でお漏らしをしたパンツをポリ袋に入れて持って帰ってくる。その袋が、日本では考えられないくらいクタクタで、何回も使い込まれたやつなんです。食糧は配給制、トイレットペーパーも日常的には売ってなくて、紙屋にいつ入荷するかも分からない。店の前に行列ができていれば並んでね。自分で紐で束ねて持って帰る、とかね。

そういう経験をしながら、日本で見てきたすべてのもの、すべてのことが「それだけじゃない」のだと、分かった。生き方すべて、食べ物すべて。私たちは、なんでもお醤油で食べるけど、そんなものは単なる地域的なことだったんだな、と。無知で無謀だったけれど、何もかもが新鮮だったし、面白かった。振り返ってみれば、私は、あのとき、ああやって、外に出ていったんだなあ、って。

出ていった。

そして、帰ってくることを覚えた。

ポーランドでの経験があったから、その後、わりと気軽に、アメリカにも行っちゃったのかもしれません。ポーランドに比べたらアメリカでの暮らしってもっと簡単かと思っていたら、なんのなんの。ものすごく大変だったんですけど、それはまあ、置いておいて。ポーランドで私が得た最も大きな成果って、それまで自分と一体だと思っていた「同時代」から、切り離されたことだった気がします。日本のコンテンポラリーから、どんどん離れていった。それは、自分の文学を考えるうえで、とても大きなことでした。

ポーランドで私が何をしていたかというと、最初の1年は、英語を読んでいたんです。ポーランド語は読めませんでしたからね。英語だって大して読めなかったけど、あのときはしょうがないから、手に入る限りの英語の本をひたすら読んでいました。で、2度目に行ったときは、バイト先のワルシャワ大学に入り浸っていて、そこに、誰かが寄付した『日本文学全集』があったんです。日本語に飢えていたもんだから「日本語なら何でも読みたい！」って感じで夢中になって読むとまあ、その素晴らしいこと。

そうこうしているうちに出会ったのが、説経節という芸能です。語り物の文楽とか能とか全部そうなんですけど、説経節というのは「道行き」の物語が多い。さらに、道行きとは何だろうと考えると、行ったり来たり、つまり、移動のことなんですよね。それに気がついたとき、自分の人生と文学というのが初めて一緒になった気がします。

ポーランドで一緒だった前夫と熊本に帰り、いろいろ、いろいろ、いろいろあって、離婚して、1997年から娘3人とアメリカ人の連れ合いと、カリフォルニアで暮らしました。向こうに行って5年目くらいに母が倒れ、寝たきりになって、亡くなりました。ひとり残された父の介護で、それからは6週間に1回、太平洋を、行ったり来たり。日本とアメリカの往復生活が3年以上続きました。

大変でしたよ。でも、しょうがなかったんです。どちらかだけに住むわけにいかなかったんですから。こっちに住んだらあっちが困るし、あっちに住んだらこっちが困るしで、自分が動くしかなかった。父も亡くなって、連れ合いも死んで、子どもたちはもう、それぞれに独立をしているので、昨年やっと、日本に帰ってくることができました。で、今度は、東京と熊本を行ったり来たり。

職場は東京。早稲田大学で教えています。でも、住まいは熊本。太平洋をあれだけ行ったり来たりしたんだから、東京と熊本の移動なんてチョロイだろうと思っていたら、これもね、なんのなんの。そうでもなかった。

月曜日の夜に東京に出てきて、火曜、水曜と大学の仕事をして、木曜日の朝に熊本に帰る。けっこうハードです。大人しく東京に住むという決断をすればよかったのに、何が悲しくて、熊本に住んでいるのか。

犬がいるんですよ。熊本に。

カリフォルニアで、連れ合いが死ぬ半年くらい前から、シェパードを飼いはじめました。犬は何度も飼ったことがあったんですけど、それまではどの犬もいちおう「娘の犬」で、代わりに私が面倒を見ている、ということになっていたんです。でも私は、一度でいいから、「自分の犬」が欲しかった。で、ひとりで日本に帰るにあたり、娘たちに相談したら、犬は連れていけ、と。そりゃそうですよね。

ありがたかったのは熊本の友達が、私が不在の間、犬を預かってもいいって言ってくれたことです。あと、鉢植え。鉢植えもあるんですよ、40鉢、熊本のマンションに。

私ね、本当は、1カ所に落ち着く農業従事者みたいな生活が理想なんです。まるで反対になってますけど。親の介護で太平洋を頻繁に行き来するようになる前は、カリフォルニアで庭仕事にはまって『ミドリノオバサン』という本を出したこともあるんですよ。で、熊本には仲のいい園芸おばさんもいて、ときどき家に来て水をやってくれたり、不在の間に枯れてしまいそうな鉢は預かってくれたりする。

犬は犬の人に、植物は植物の人に預けて、自分は行ったり来たり。ばかみたいですよね。本当は、犬だけじゃなくて、あらゆる動物を飼いたいとすら思っていて、住まいはいっそ、植物園みたいにしたい。それなのに移動し続ける。はじまりは、やっぱり、ポーランドなんじゃないかなあ。

私は私 後編

伊藤比呂美

摂食障害でボロボロの
ぼろぞうきんみたいになった
私を救ったのは、
「詩を書く」ことでした。
詩の先生に会ったとき、
世界がパーン！　と開けた。
衝撃でした。

数年前まで、アメリカと日本を行ったり来たりの移動生活をしていました。今は東京と熊本を行ったり来たり。大変だったし、今も大変ですが、改めて思えば、この「行ったり来たり」が、どれほど私のためになってきたか。

今まで生きてきて、私なりに子どもの面倒をよく見てきたと思うし、親のことも大事にしたし、連れ合いの存在も大きかったと思うけれど、一番何が大切だったかというと、やっぱり、自分の仕事なんですよね。

自分は次に何を、どう書くか。そのことをずっと考えていて、たとえば、『とげ抜き 新巣鴨地蔵縁起』が書けたのも、『河原荒草』が書けたのも、アメリカに行ったから。異文化を見る目で日本を見ることができたのは、大きかったと思います。異言語を使う頭で、日本語と向き合えた。アメリカと日本を移動することで、私は、自分らしい文学というものを見つけてこられた気がします。

そんな移動し続ける人生のはじまりは20代に経験したポーランド暮らしだった、ということは前編でお話ししましたが、動き続けるクセというか、動き出したら止まらない性分のおおもとにあるのは、鬱の経験、かもしれません。

私、30代半ばからの5年間、ひどい鬱で、死ぬかと思ったんですよね。その頃の、唯一の生きのびる方法が、いつも動いていることでした。普通の鬱だと、動けなくなるらしいんですけど、私の場合は動いていないと、死にたくなってしまう。だから、動くこと、動き続けることを、その5年間、自分に課しました。

朝、まずは自転車で馬に乗りに行くんです。馬に乗ったあと、一度自転車で帰ってから、今度はジムに行って、泳ぐ。同じジムでエアロビクスをやっていて、それにハマったりもしたんですけど、次にスケート場に行って、ただひたすらに滑り、また自転車で帰る。滑るっていっても、私の場合は、上手く止まることができないので、滑って滑って滑って、壁にぶちあたって止まる、という感じ。そのスケート場に年間契約1万円で滑り放題というプランがあり、会員になって、しょっちゅう行ってました。

あとは、講演会と朗読会ですね。32歳のときに初めて講演会をしたのですが、わりと評判がよく、伊藤比呂美はそういうのに向いている、ってことになって、あっちこっちからお話が来るようになりました。朗読会にもいろいろ呼んでいただいて。呼ばれれば、どこにでも行きました。

朗読会って、ミュージシャンにおけるツアーと同じなんです。映画『ボヘミアン・ラプソディ』で、フレディ・マーキュリーが、アルバム出してツアーして、アルバム出してツアーして、そういうのはもう飽きたって言ったら、ブライアン・メイが、それがミュージシャンじゃないかって言うんですけど、観ていて、ああ、詩人も同じだなあって。

詩集出して朗読会して、詩集出して朗読会して。1993年に出した『わたしはあんじゅひめ子である』以来、詩集の新作はなくとも、すでに名前だけは有名だったから、いろんなところから声がかかって、移動して。それに救われていたところがあります。

もうひとつ、自分の人生の中で大きかったことは、摂食障害ですね。暗い話がしたいわけじゃないので、初めによかったことを言うと、摂食障害になって一番よかったのは、飢餓、飢えるということを、今の世の中で経験できたことです。生き方が、ガラリと変わりました。その変えられ方は、それ以前とそれ以後、くらいに大きい。で、その摂食障害から自分を救ったのが、「詩を書く」こと。詩の先生に初めて会ったとき、世界がパーン！　と開けたんです。衝撃でしたよ。その瞬間は、今でも覚えています。

ハタチでした。食べられずに痩せて、ボロボロのぼろぞうきんみたいになりながら、何かしなければ、と焦っていた頃。「文学学校」の広告を見て、ふと、受講してみる気になったんです。小説か詩か、あとは評論だったか、まずはクラス分けをしますというので、小説に希望を出そうと思っていた、そのとき、詩人がひとり、飛び込んできた。

すみません、遅れました！　って、汗かいて、上気して、それはまるで、クリスマスの飾りみたいに、鱗粉が飛んでいるみたいに、キラキラと輝いていていてね。そんな人は見たことがなかったから、なんて美しい人なんだ！　と思い、詩のクラスに入りました。あとから落ち着いてその人を見たら、ぜんぜん普通のおじさんで、あの幻想はなんだったんだろうと思うんですけど。で、詩を書いてきなさいと言うから書いたら、褒められた。

もともと私は文学少女で、中原中也や宮沢賢治を読みまくっていたから、ああいうものを書けばいいのか、と思って書いたら、「これはいいよ」って。「感性がいいよ、感性が」って。家に帰って、ニヤリ。嬉しくてまた書いたらまた褒められて、ニヤリ。詩人の褒め上手に乗せられた若者が何人もいることはあとから知るのですが、でも、私にとって、あのとき、それは何よりの「癒やし」になりました。褒められて、脚光があたり、見所があるなんて言ってもらえて、仲間を紹介され、同人誌をつくり……ってやっていたら、摂食障害がどんどん遠ざかっていった。朗読し、人に認識され、また詩を書いて、というのを繰り返していくうちに、自分が解放されていった気がします。

摂食障害って、治る治らないではなく、ずっと「ある」もの。その後は水面下に潜っていたのですが、30代半ばの鬱のときにまた患い、痩せてガリガリになりました。でも、そのときは、どうしたらいいか分からなかった最初のときとは違って、自らで「利用した」んですよね。つまり、自分が鬱でダメになってしまいそうなのを、摂食障害で留めた。摂食障害というひとつの、自分の中の太い線にすがって、とりあえず生き抜く。そんな感じだったと思います。

今思えば、それは、依存でもあった。依存というのは、本当に恐ろしい。私は男に依存して死ぬかと思ったこともあるので、今は、少なくとも、「人」には依存しちゃダメだと、深く深く、心に刻んでいます。

私は私。私は彼ではないし、私以外の、他の誰でもないし、誰にすがっても、何にすがっても、結局、私は私。3人の娘にもこれだけは、絶対、と言えます。依存するなかれ。失敗した経験がたくさんあるからこそ言えることであり、今はそれが、私の中の、太い線になっています。

いとう・ひろみ
1955年、東京都生まれ。詩人。78年、詩集『草木の空』でデビュー。詩作のほか小説、随筆、説経節の新訳など幅広い創作活動を行う。『河原荒草』で高見順賞、長編詩『とげ抜き　新巣鴨地蔵縁起』で紫式部文学賞、萩原朔太郎賞を受賞。『良いおっぱい　悪いおっぱい』『閉経記』『父の生きる』『道行きや』『森林通信　鷗外とベルリンに行く』など著書多数。

前編
「暮しの手帖」第4世紀99号
2019年4-5月号
後編
「暮しの手帖」第4世紀100号
2019年6-7月号

黒澤和子

衣装デザイナー

乞われる人生 前編

家族は、父を盛り立て、
父に尽くすのが当たり前。
それを悲観して生きるのは嫌だったんです。
目の前のことを精一杯やる。
毎日をちゃんと収めていれば、
結果はおのずと出る。
父との暮らしを通して、身をもって知りました。

私の基本的な信条は、「その日を生きる」こと。与えられたことを、毎日、精一杯やっていたら、いつか、それが何かを生み出すのだろう、ということに尽きる気がします。なぜそう思うに至ったのかといえば、私の人生の真ん中には、いつも、父、黒澤明という人がいたから。

父は、手のかかる人でした。普段の食事も、家庭で作るには大変なものばかりを食べたがったし、傷つきやすく、敏感で、頭の中は映画のことばかり。ただただ、映画を作り続けているだけの人。その父を、家族はただただ、支え続けている。父を盛り立て、父のために尽くすことが当たり前という環境で育ちました。

「普通の家」ならどうか、私には分かりませんが、何せね、週に何日も30人近いお客さんが来て、正月ともなれば、100人以上の来客がある。その方々をもてなす料理の手伝いをするのは当然のこと。自由に外にも出られない。そうなると、もう、一も二もなく、目の前のことを精一杯やるしかないんです。感受性の塊のような父は、ひとたび映画の制作が始まれば、ピリピリ、カリカリ。何を言い出すか分からない。父がもたらす「不測の事態」を受け止め、今日一日を、なんとか無事に収める。

その繰り返しを、悲観して生きるのは嫌でした。

大変だとか、面倒くさい家だとか思うのも嫌で、やるんだったら、ちゃんとやりたい。尽くすことが楽しくなるくらい、パーフェクトに尽くしたい。負けず嫌いという性格もあったのかもしれません。そうやって毎日をちゃんと収めていれば、結果はおのずと出るものだと身をもって知ったし、そういう在り方が、私にはすごく合っていたんだと思います。

「楽しいと感じ始めるところまで、一生懸命やれば、あとはいくらでも努力できるもの」

「つまらないつまらないとやった仕事で、いい仕事ができるわけがない」

父が私たちの前で訓示を垂れるようなことは一切ありませんでしたが、映画作りにおいて父が語った言葉を思い起こすとき、それは、黒澤明を父にもつことで培われた私の生き方そのもののようにも思えます。

父と暮らすことで培われたことのひとつには、勘のよさ、もあります。母が亡くなってからは特に、父の身の回りのことから仕事の秘書的なことまで、すべて私がしていたのですが、絶えず求められたのは、勘がよい、ということでした。たとえば、ちょっと目線が上を向いていたら、コーヒーが飲みたいんだな、とか、手元がなんだか落ちつかなかったら、このお客さんは苦手だから早く帰してほしいんだな、とか。口に出して言われなくても、望むところを察して動く。長年培われたおかげで、その「勘のよさ」には私、自信があります。

映画衣装デザイナーとしてやっていられるのは、この「勘のよさ」ゆえ、みたいなものです。

監督以下、その映画のスタッフたちの意図を察して、衣装を作る。「この人はこうしたいんだな、こういうものを求めているんだな」ということを、言葉以外の、気配とか、視線とか、空気感みたいなものからも読み取って、その結果、「ああ、こういう衣装がほしかったんです」と、相手に喜んでもらえるのが、何よりも嬉しい。

衣装デザイナーの在り方はいろいろで、デザイン技術を駆使し、特殊な生地を加工して、独特な衣装を作る方もいます。私は、「今、ここで何を求められているのか」に全アンテナを張って、作品世界に身を任せるタイプ。これはやはり、父にそう育てられたからなんだと思います。

もうひとつ、仕事をしていて「ああ、私ってそうなのね」と思うのが、基本的に私は、追い込まれるのが好きだということ。それも、幼い頃から身体に染み付いたものなのでしょう。「今日、急にお客さんが来ることになった」と言われたら、到着の時刻までに準備を整えなければならない。いつも目の前に、デッドラインがあるような日々を生き続けてきました。その追い込まれ感、みたいなものが、私を活気づけるのです。

そもそも、映画屋は常に「なすべきこと」に追われ、鬼気迫っているもの。ひとつのシーンが終われば次のシーンへ。衣装だって、ゆっくり、のんびり、作っているわけにはいきません。仮に、「30人の予定だったエキストラが100人になっちゃったんです」って急に言われても、ノーとは言えない。求められ、追い込まれれば、そこにハマってやり切れる、という自信も、私には少なからずあります。

結局、私は、乞われたことに応えるのが、好きなのね。私の人生は「乞われる人生」。父に乞われ、映画に乞われ、自分以外の何かのために尽くすことが、楽しい。

その性分は日常生活の、ほんの些細なことにも発揮されてしまうのが困ったところで、友人から「とある、美味しい豆を探しているんだけど」なんて言われちゃうと、乞われた限りは応えなければとスイッチが入って、なぜか必死で探してしまう。映画衣装の仕事を何本も抱え、豆なんて探している場合じゃないくらい忙しくても（笑）。

あとね、私、安心しないのが好きなんです。だからこの仕事に向いているのか、それも映画屋の娘として生まれ、この世界に身を置く宿命なのか。映画の仕事を4〜5本抱えていたら、それらすべてが異なる時代の話、ということがあります。もちろん、監督、スタッフ、キャストは作品ごとに違いますし、ひとつの現場でも今日と明日では違うシーンを撮ります。常にドキドキ、ピリピリしていなきゃいけない。安心なんて、していられない。それがいい。

いつか歳を取って、この仕事を引退することになったら、海外流浪の旅に出たいと思っています。そうしたら、毎日違うことが起こるじゃない？　海外の列車だったら、

1時間くらい平気で遅れるわけで、それに対応していたら、脚が痛いとか、腰が痛いとか、老後が不安だなんだと、ぐちゃぐちゃ言ってなんていられない。

潔く生きたいんです。何が起こるかなんて分からないんだから、保険をかけて生きるのはやめようと、私は人生の早々に、はっきりと、そう決めました。それがいつだったのか。決定的な出来事があったわけではないんですよね。でも、そう決意させた「あの時」はきっと、父と暮らした日々のなかに、あったのでしょう。

生まれっぱなし 後編

黒澤和子

両親は一度も私を
周囲と比べたりしませんでした。
それが一番有り難かった。
あなたはあなたでいい。
そう言われて育ちました。
みんなと同じじゃなきゃいけない
なんて感覚は、私にはゼロでした。

私が映画衣装の仕事を始めたのは、33歳のとき。きっかけは、父、黒澤明が言ったひと言でした。

「黒澤組で、一緒に働こうよ」

母が亡くなって2年ほど経った頃だったと思います。父の身の回りの世話はすべて私がしていたし、父が何を考えているのかを察して動くのは長年の常。一緒に働くほうが、公私ともども、お互いやりやすいと思ったのでしょう。ちょうど映画『夢』の制作が始まろうとしているときでした。

それまでは、映画の衣装デザイナーになろうとも、なりたいと思ったことも、ありませんでした。10代の後半から20代にかけて、スタイリストの学校へ行ったり、衣服のデザインを学んだりしたことはあったけれど、自分のキャリアプランなんて考えたことはなかったし、まさか、黒澤組で「仕事」をするとは、想像すらしませんでした。

でも、父の考えに、ノーと言うわけにはいかない。父が言うからには、そうなる。そうなるんだったら、やらなくちゃならない。そのときの例えとしてよく言うのは、英語をひと言も喋れない人がニューヨークの真ん中にボンと投げ出され、「君には一銭もない。今日からここでがんばって稼いでいかなければならないんだよ」って言われたみたいだった、ということ。過酷だったけれど、でも、そういう状況だと、ものすごい早さでものを覚えるんですよね。

『夢』の衣装デザイナーはワダエミさんで、その下に3人の助手。私は一番の下っ端と心に刻み、とにかく働きました。人の10倍働こうと決め、朝は誰よりも早く行って掃除から一日を始めたものです。それは、何よりもまず、黒澤組の方たちに、認めてもらいたかったから。衣装部に入ってきたことを、良しと思わない人もいるわけです。お嬢さんに何ができるのか、と思っていた人もいたでしょう。黒澤明の娘である限り、何をやっても、何か言われる。言われるのは気にしないけど、黒澤組の一員として、ちゃんと働こうとしているのは分かってもらいたかった。そこからは、無我夢中。走り続けて今に至ります。

服は、幼い頃から好きでした。

母が、ものすごくお洒落な人だったんです。当時は、「お母さん」というと、入学式には黒い羽織を着ているのが普通、という時代に、うちの母だけ、ピンクのスーツを着ていましたからね。幼い頃に外国に住んでいた経験からか、ハイカラが身に付いていて、オードリー・ヘプバーンみたいにサブリナパンツを普段から颯爽とはきこなしているような、洗練された人でした。

母の母、私の祖母もお洒落さん。春になると、娘全員に、サクラの絵柄の着物をあつらえ、オリンピックのときには五輪の柄のワンピースを作るような人でした。そういう祖母に育てられた母のこと、服のデザインにはとても厳しく、洋服はすべてオーダーメイド。スカートの丈がちょっと違うだけで作り直させるくらいでした。

その母と一緒に買い物に行き、生地を選んだり、縫製を頼む姿を見たりするのがとても楽しかったですね。新しい服のアイデアを出しながら職人さんと話している母の姿が心に残っているのは、子どもながらに、興味があったからなんでしょう。あつらえてもらった洋服のことは、今でも全部覚えています。

人の生き方に深く影響を与えたり、人生の転機になるようなことには、たぶん、ほとんどの場合、憧れの人や、何か目標に向かって生きている先輩との出会いが大きく関わっているものだと思います。私の場合、そういう「出会い」は、家族の中にあった。父の存在は、もちろん大きかったけれど、父を支える母もまた、強く、気高く、ひとかたならぬ人物でした。

私が高校生の頃のことですが、学校に母が呼び出され、先生から「娘さんのスカートが短すぎます」と言われたとき、母は、「10代のきれいな脚を見せないんだったら、いつ見せればいいんですか」って食ってかかったくらいです。私の派手な格好を母は面白がっていましたし、学校からあれこれ言われても、干渉しませんでしたね。結局、私は高校を2年で中退するのですが、最後は母が「じゃあ結構です。辞めさせます。あの子にはあの子の人生がありますす」と言ってくれました。

一番有り難かったのは、両親が一度も私と周囲を比べなかったことです。あなたはあなたでいいと、ずっと言われて育ったし、「みんながああしているから、こうしなさい」という日本的な協調性を強いるようなことは一切言われませんでした。ですから、みんなと同じじゃなきゃいけないなんて感覚は、ゼロでした。

平均的なのがいいのではない、それぞれにいいんだ、ということ。平均化というのは、子どもを、親や社会が扱いやすい人間にするだけのことで、父や母は、それが嫌だったのでしょう。面白いことに、黒澤家はみんな、飼っている犬にしたって、扱いにくい子が大好き。ものすごいヤンチャクレだったり、トイレを失敗ばっかりしているような子ほど、「あいつって、かわいいよな、チャーミングだよな」という目が、家族みんなにありました。

父は、学校行事どころか、子どもが通う学校の敷地に一度も足を踏み入れたことがなかったけれど、父には父の教育方針が確固としてあり、よく、こう言っていました。

「人間は、生まれたときは皆天才。いじくり回してダメにするのは大人なんだ」

「生まれっぱなしに育てたい」

なるべく自由に、生まれっぱなしに育てたいというのは、無垢でいれば、その人が本当に必要な何かに出合ったとき、ぐんぐんと吸収し、力を発揮することができる、という意味なんだと思うんですよね。そういう意味では、父の目論見通りというのか、実際に私は、何の教えも、余計な情報も耳に入れないまま、ただ生きて、大人になりました。
だから、社会に出てからビックリすることは山ほどあったし、世間の「常識」から言えば、相当に変な子で、今でも変な大人ですけど、映画衣装という仕事に向かって一直線、夢中になって走り続けていられるのは、生まれっぱなしに育てられ、無垢でいられたおかげなんだと思います。
生まれたての赤ん坊は、とても弱く頼りないものに思えるけど、そんなこと、ないんですよね。ただひたすらに、生きようとする。実は一番、たくましい。

くろさわ・かずこ
1954年、東京都生まれ。衣装デザイナー。父は映画監督・黒澤明。父の映画『夢』(90年)で衣装の道に入り、以来、『八月の狂詩曲』『まあだだよ』『雨あがる』『たそがれ清兵衛』『座頭市』『アウトレイジ』他多くの映画作品に携わる。2019年に『万引き家族』の衣装デザインで芸術選奨文部科学大臣賞受賞。

前編
「暮しの手帖」第5世紀1号
2019年8-9月号
後編
「暮しの手帖」第5世紀2号
2019年10-11月号

シンガー・ソング・ライター

大貫妙子

太陽の匂い 前編

今でも忘れられないのは、
初めてナイロビの空港に着いた時の匂いです。
乾いた土の匂いで、
なぜか、ものすごく懐かしかった。
子どもの時に嗅いだ、太陽の匂い。
アフリカの大地が、すーっと
自分の中に入ってきた気がしました。

シンガー・ソング・ライターとしての活動を始めて47年になりますが、こんなにも長く、音楽を続けることになるとは思ってもみませんでした。

若い頃は特に、レコード会社の「売れるものをよろしく」という意向に馴染めず、辞めようと思ったことも何度かありました。子どもの頃から、唯一夢中になれることが音楽で、有名になりたいなんて全く考えていなかったし、自分が望まない環境の中では続けたくないという思いが常にあり……。大好きな音楽を、自分らしく、正直に作りたい。活動を始めた70年代は、それができる時代でもありました。

詞・曲・歌、その3つが揃って自分の表現したいものになる。だから、「この言葉はわかりにくい」とか、いろいろ言われて書き直していると、どんどん自分のものではなくなってしまって嫌なんです。でも、自分のしたいことを見つけて貫くという力は、いつもいつも、出せるわけではありません。若い頃はアイデアがたくさんあり、毎年アルバムを出してきましたが、アイデアの井戸だって枯渇し始めます。いろんなことが、追いつかなくなる。そんな時は、庭で草取りをしています。

メロディーはいつでも書けるんです。歌詞がだんだん辛くなる。だから「私の井戸」を美味しい水で満たしたい。その源のひとつが、アフリカや南極、南米のガラパゴスなど、世界各地で野生動物を目の当たりにした日々です。特に、アフリカでの経験は大きかったですね。

アフリカに初めて行ったのは、1985年、32歳の時です。80年代はよくニューヨークに行っていて、写真展を見にギャラリーへ足を運んだり、絵画を見にモダンミュージアムへ行ったり。レコーディングの合間に心をリフレッシュさせていたのですが、人の作品を見ても全く癒やされず、むしろ疲れてしまう日があって、その足でアメリカ自然史博物館に行きました。実物大のクジラの模型や恐竜の化石など、自然史博物館にある、すべての展示を夢中になって見て、その時ね、思ったんです。

「本物が見たい。この地球を直接、見てみたい」

それまで私が触れていた写真や絵画、その作者である写真家や画家たちも、この地球上の、何かからインスピレーションを得て、表現をしたわけですよね。そうやって誰かが生み出した作品より、遡って、彼らが一体、何からインスピレーションを得たのかを知りたい。そして、そのインスピレーションのおおもとを、自分の目で見なければダメなのだ、と強烈に思いました。

その思いを胸に帰国したら、電話が鳴って、メディアプロデューサーの羽仁未央さんから「大貫さん、アフリカに行きませんか?」と誘われました。ケニアで動物たちを撮影したビデオに音楽をつけてほしい、と。転機になるようなことって、人に限らずポンッとやってくる。私の人生って、そうなっているらしい(笑)。もちろん一も二もなくお受けして、行きましたよ。ケニア。

今でも忘れられないのが、初めてナイロビの空港に着いた時の匂いです。乾いた土の匂いで、なぜか、ものすごく懐かしかった。いつ嗅いだ匂いだろうと思い起こしてみたら、子どもの時に、太陽の下でカンカンに干したシーツを顔にあてて嗅いだ、あの時の太陽の匂いだ！　って気づいて。だからアフリカの大地がなんの違和感もなく、すーっと自分の中に入ってきたんです。

羽仁さんとの旅でアフリカにすっかり魅せられ、次は仕事抜きの個人旅行を楽しもうと意気込んでいたら、連載をしていた雑誌の担当編集者から、「せっかく行くのだったら、なにか書いてください」と頼まれ、『神さまの目覚まし時計』という本を書きました。今度はそれを読んだ別の出版社の編集の方が、ネイチャーマガジンを出すので、写真家の岩合光昭さんと一緒にアフリカに行ってほしいと。

岩合さんと最初に行ったのは南極でしたが、その後、アフリカでのライオンやハイエナの撮影に何度もご一緒することになりました。強く心に残っているのは、狩りです。狩る方も狩られる方も、常に生と死が目の前にあり、そこで見たのは、「生きる」ということの壮絶さ。そして、その生も死も不可避であること。

人間は、どこかで死をいつも恐れていますよね。病院に行って、薬をたくさんもらって。でも、野生動物に医者はいませんから。怪我をして群れについて行けなくなったライオンの子どもを、置き去りにする母ライオンの姿も見ました。厳しいんです。

見ていて辛いんです。やはり、生きることはそういうことなんだろうと感じていた自分に、大きな影響を与えたと思います。

「覚悟」という言葉がありますが、仏教では「迷いを去り、道理を悟ること」をいいます。それを知る旅でした。結局、ケニアとタンザニアを5年かけて旅し、のべ1年近く滞在しました。自然の怖さも知ったけれど、濃密で、楽しくて、美しかった。そこには、圧倒的に広い空と、いつも変わらない地平線があり、とんでもない数の野生動物がいて、それぞれが棲み分けをしていました。

そうそう、ハイエナってなぜか、興味を持たれない生き物みたいですが、実はとても優秀で、知れば知るほど面白いんです。鳴き声も30種類以上あるし、狩りだって、ライオンよりずっと上手い。ライオンって瞬発力はあるけど長くは走れないから、岩や草の陰に隠れて獲物が来るのをじーっと待っている。でもハイエナは、時速60キロくらいの速さで長距離を走れる。獲物をしつこく追いかけ、最後は群れで倒します。

そうやってハイエナが仕留めた獲物を、ライオンが奪って食べる。ライオンは確かに強い。でも、ハイエナがいないと生きていけないんです。獲物を奪われたハイエナが怒って集まっているのを観光客が見て、腐肉漁りとか言う。でもね、そもそも、アフリカの大地に腐った肉なんて、落ちていないんです。思い込みやイメージで、ライオンだけがジャングルを支配する偉大なキングだなんて、そんなこと子どもに教えちゃダメです。

だから私、溢れる「情報」っていうのも、あまり信用していません。すごくシンプルに、自分の目で見たものだけ、自分が体験したことだけが自分の言葉であり、自分にとっての「真実」なんだと思うんです。

凪に漕ぐ 後編

大貫妙子

海の上のボートのように、
凪が先へ先へと運んでくれる。
そのためには、「凪」の時に、
黙々と漕ぎ続けることが大事。
オールを手放さず、
漕ぎ続けることです。
自分のために。

30代から40代にかけては、旅の日々でした。海外でのレコーディング、アフリカや南米・ガラパゴスでの野生動物の観察、執筆など、年の3分の2以上は日本にいませんでした。行く場所が様々で、暑いとか寒いとか、ずっと船の上にいるとか、身体的には過酷な面もありましたが、全て好きなことですし、自分に巡ってきたチャンスは最優先で受け入れるようにしてきました。

チャンスって、7年に1度しか巡ってこないと私は思っているんです。私の実感として、ああ、これは自分にとっての節目になるな、好機になるな、と思うことが起きるのは7年ごと。この仕事を40年以上続けてきて、何度か経験しているので、多分、偶然ではないのでしょう。

ある日、追い風が吹いてくる。海の上のボートに例えると、オールを放しても、風が先へ先へと運んでくれるようになる。でもそのためには、風が吹くまでの「凪」のような状態の時に、黙々と漕ぎ続けることが大事なんですけどね。たとえ、ひとりぼっちでも。逆に言えば、凪の時こそがチャンスと言えるのかもしれません。方向を見失いかけて遠回りしながらも、したくてできなかったことに挑戦をして分かったことが、たくさんあります。とにかく、オールを手放さず、漕ぎ続けることです。自分のために。

以前、秋田県の三種町《みたねちょう》でお米を作っていました。50代の始めだったか、ある日、生きて行くのに絶対必要なものは何か？　と考え、答えは、空気と水と食料だな、と。そして、食料のベースはお米だ、と。それからは事あるごとに「お米が作りたい。これからは何でもお金で買えるという考え方を変えなければダメ」と言い続けていたら、知人が「郷里の秋田に、きれいな山の水で米作りができる田んぼがある」と教えてくれました。それはぜひ、ということで、土地の人に話をしてもらい、田植え、草取り、収穫と、10年ほど毎年通いました。

お米は無農薬で作らせていただいたので、手間がかかって大変でしたが、いい空気の中で身体を動かし、農作業の後は「きりたんぽ鍋」を囲んだり、田んぼの持ち主の方とも、家族のように過ごさせていただきました。何よりお米の一粒一粒が愛おしく、自分の子どものように思えるなんて、経験しなければ得られなかったことです。「食」を疎かにしない。その気持ちは、お米作りをきっかけにより一層強くなりましたが、おおもとには、母が培ってくれた食への姿勢があるのだと思います。

私の母は旅行会社に勤める「働く母」でした。添乗員として旅行に同行することもあり、私が小学生の頃から忙しかったのですが、一度も店屋物をとった記憶がないんです。今のようにファミレスもなかったですし、ラーメン屋さんくらいは近所にありましたが、仕事から戻った母は必ず台所に立って夕食を作ってくれました。「家で作って食べるのが、一番美味しいから」って。

母が作る食事を、豪華じゃなくても、家族みんなで食べる。それが一番美味しい、という姿勢は正しかったんだと、自分が大人になってからつくづく思います。長い時間をかけて培われたものは、そう簡単には変わらなくて、親と離れてからも、食事は自分で、簡単に、というのが生活の基本スタンスです。自分の中にあるものは、いろんな事が繫がって、繫がって、アイデンティティーになっているということなのでしょう。

興味のあることは音楽以外にも次々と出てくるし、アフリカに行ったりお米を作ったりといろいろありますが、いつも本気。音楽自体も、フランスやブラジル、弦楽カルテットの方たちとのレコーディングなど、私の音楽の中にはいろいろなスタイルが混じっています。そうやって20枚、30枚とアルバムを出している間に、今や、その全てが大貫妙子なんだ、というふうに見える。スタイルって着ている服と同じで、中身が変わらなければ、同じ「私」なんですね。

文学や絵画やデザインでも「すっごく好き」ってありますよね。それって何なのだろうといつも思うんです。そういう「とても惹かれる」ものを全部自分の前に並べて眺めていると、何らかの共通項が見えてくる。それが、「自分」であり「あなた」なんです。きっと。それを知ったうえで物事を「俯瞰」してみると、決断にも迷わないし、立ち止まってしまいそうな時も、「いい匂いがするから先に進んでみよう」って気持ちになります。

音楽活動をする中で大切にしてきたのは、やっぱり、音楽の神様、かなぁ。観客の皆さまに喜んでいただくことが私の仕事ですが、それと同時に、自分の音楽は神様に奉納する気持ちで歌ってきました。大きなホールや舞台のある会場には必ず神棚があるんです。舞台は照明や音響など、たくさんの方が集まって仕事をするので、事故などがないよう、安全を祈願する意味もあるし、それ以前に、もともと芸能には神仏への奉納という意味があるからだと思います。だから私は、必ず神棚に手を合わせてからステージに上がるようにしています。

結局、音楽をしていても、いなくても、自分が自分らしくいられることが、一番大切だと思うんです。自分に嘘をつかない、というのは大変ですが、でも、できるかぎり、正直でいたほうがいい。対人関係でも、例えば、「友だちは多いほうがいい」みたいな思い込みを押しつけてくる人もいますが、そんなことないですよ。本当はそんなに好きじゃない人と無理に合わせるほうが、ひとりでいるより苦しい。

私は子どもの頃から音楽のことばかり考えていたので、同年代の子たちと合わなくて、「少し変わった奴」くらいの友だちしかいませんでした。でも音楽を続け、素晴らしい演奏家と出会い、今では友だちを超えて家族以上の関係を続けている人もいます。「この人といると元気になるなあ」と心から感じられる人を大切にすればいい。

もし、ひとりが怖いと思っているとしたら、「大丈夫よ！」って言ってあげたい。ひとりだと思っても、実は、ひとりじゃないから。怖がらずに、ひとりでも大丈夫って心を開いていると、本当に出会うべき人と出会えるものです。その「出会うべき人」との出会いだけが、自分が自分らしく生きていく、道標になるのだと思います。

前編
「暮しの手帖」第5世紀4号
2020年2-3月号
後編
「暮しの手帖」第5世紀5号
2020年4-5月号

おおぬき・たえこ
1953年、東京都生まれ。シンガー・ソング・ライター。73年に山下達郎らとシュガー・ベイブを結成。76年『Grey Skies』でソロ・デビュー。独自の音楽世界、透明な歌声で人々を魅了する。映画やCMなどの音楽関連作品も多く、『東京日和』で日本アカデミー賞最優秀音楽賞受賞。著書に『私の暮らしかた』などがある。

海原純子

医師、随筆家、歌手

プロセスとオリジナル　前編

誰かが作ってくれたものの後を
追いかけていくのは簡単だし
それが「結果」への早道なのでしょう。
でも、どうしても
自分のオリジナルを目指したくなる。
もしかしたら結果は
あまり求めていないのかもしれません。

私が今までやってきたことの原点になっているのは、小学5年生の時の出来事です。その頃、青森の恐山に興味があり、夏休みの自由研究のテーマにも恐山を選びました。「生きることと死ぬことの間を行き来している人間」というものに魅かれていて、そのことについての興味は今も変わらないのですが、小学生ですから、お金もないし実際に青森まで行くことはできない。だから本を探していたら、イタコのことや石を積む話など詳しく書かれている本があってね。出版社に手紙を出したんです。

自分は夏休みの自由研究をしていて、本を読んだこと。本には恐山のことが詳しく書いてあり、いい写真があったので、その写真を自由研究用に貸してほしいこと。加えて、宿題の期日はこれこれなので、写真はこの日までに貸してほしい。それを著者の先生に伝えていただけないか、とお願いをしました。

1週間くらいしたら、著者の先生から直接お返事が来たのですが、その内容が、すごかった。

まずね、「あなたのような失礼な人は、見たことがありません」。なぜ失礼かというと、研究というのは、自分の目で見て、自分で確かめ、それを自分で書くものであり、人が書いたものを使うのは研究ではない。それから、人にものをお願いするのに、自分の都合で先に締め切りを言うのは何事か、と。

衝撃でした。小学5年生ですからね。でも、小学生なりに、研究というのは、そういうものなのだ、人に何か頼むときは、自分の都合ありきではなく、こういうふうにしたいのだけれど、どうでしょうか？　とまず相手に聞かねばならぬのだと、強烈にインプットされました。結局、自由研究は、恐山についての本を読んだという「事実」だけをまとめて提出しました。

お手紙を下さった著者は、宮本常一さんです。宮本さんが日本の民俗学の第一人者だと知るのは、それからずっと後になってのことですが、私は宮本さんに、本当に大切なことを教えてもらったと思っています。

私は医者ですが、文章も書くし、ジャズも歌う。いろんなことをやっているんですけど、何をするにしても、それが「自分のオリジナル」であるということにこだわりがあります。それはやっぱり、研究というのは「原著」なんだ、今でいう「コピペ」では全然ダメなのだということを強烈にインプットされた経験が大きい。

2008年、56歳の時にアメリカのハーバード大学のヘルスコミュニケーション部門に、客員研究員として赴きました。そこでオリジナルの研究テーマを提案すると、その研究は、今まで誰かがやっていたものですか？　と聞かれる。手つかずのものをいきなりやるのはダメ。研究には文脈があり、過去にいろいろな成果が積み重ねられたものをやっていかなければならない、と。分かります。分かるのですが、でもやっぱり、研究をデザインするのも、オリジナルにこだわりたい。

ジャズもね、コピーができないんです。たぶん、意識の中に、「真似は嫌だ」というのがすごくあるんだと思います。上手い人のコピーをきっちりやるのが上手くなるコツ。まずは真似ろ、と。分かります。でも、身体のどこかが真似を拒否して、違うことをやってしまう。

誰かが作ってくれたものの後を追いかけていくのは簡単だし、それが「結果」への早道なのでしょう。でも、どうしても一番最初の、自分のオリジナルを目指したくなるから、時間がかかる。手探りで確かめながら、回り道をして……生き方もすべて、そういう感じです。

もしかしたら、結果はあまり求めていないのかもしれません。目標に向かって自分なりに工夫しているプロセスが楽しい。自分だけにしか分からないような細かなことであっても、少しずつの進歩を感じられるのも嬉しい。

人生ってプロセスだな、と思うんです。結果としてお金が儲かるとか、有名になるとか、それが人生ではなく、「今やっていること自体が楽しい、という時間の積み重ね」が人生だという考えが根本にある。結果を得るのが楽しいという人も、もちろんいると思うんですけど、結果で満たされるのって、一瞬なんですよね。

若い頃、特に20代、30代の頃は結果を求めたこともありました。父親が病気がちで家は決して裕福ではなく、欲しいものはすべて買ってもらえる娘《こ》が羨ましかったし、お嬢様には負けまいと、自分で稼いだお金でいいものを買い、いいところに旅行しようと躍起になっていた時期もありました。

若い頃って、そういうことを一通りやってみないと分からないものなんですよね。その虚しさというか、バカバカしさは。いくら大人がモノじゃない、地位じゃないと言っても分からない。身をもってそれがつまらないと分かったら、人生はいよいよ「次のステップ」に行かなければならない。

次のステップとは、「自分でしかできないことをやってみる」というステップです。突然「自分でしかできないこと」と言われても、それが何なのか、最初は戸惑うかもしれません。でも、「自分はこれをしないと生きていけない」ってこと、ありますよね？　どんなことでもいいんです。私は医者ですが文章を書かないと生きていけないし、歌わないと生きていけないわけですが、たとえば、料理が好きで出汁をとらないと生きていけない、でもいい。

自分が楽しくできること。「楽しく」って、ちょっと語弊があるのですが、つまりは、そのための努力や大変さが嫌じゃないこと。他人の評価は関係なく、自分がそれをしていると満たされること。そういう「これをしないと生きていけないこと」が、「自分でしかできないこと」。それが人のためにもなれば、最高ですよね。

皆さんね、いろいろ反対になっていると思うんです。まずは人が喜んでくれることをしなければならない、と思ってしまう。でもまずは、「自分が嬉しいこと」ですよ。「人が喜ぶこと」じゃなくて、「喜んで人にしてあげられること」をやる。相手オッケー、自分ダメ、では苦しくなるばかりです。自分がオッケー、相手もオッケー。そのスタンスにならないと、本当の意味で幸せにはなれないと思うんです。

アイ・ビリーブ・ユー 後編

海原純子

自分の持っているものは
全部使い切りたい。
ビリーブ、
直訳すると「信じる」だけど
あのときの「アイ・ビリーブ・ユー」は、
嘘がない、真実がある
という意味だと受け取りました。

心療内科医として32歳の時に女性のためのクリニックを開設し、今は産業医としての医療と、医療とコミュニケーションをテーマにした研究を続けています。でも、私が社会に対してできることは診察や研究だけではないのではないか、という思いがあって、書籍をはじめ、新聞や雑誌、ウェブサイトでの連載など、文章を書く仕事も続けています。

そもそもね、医者になる前は物書きになりたかったんです。文章を書くことは何の苦でもないどころか、むしろ私は、書かなければ生きていけない。うっぷんがいっぱいだから（笑）、書くことがいっぱいある。世の中で腹の立つことや嫌だと思うことを抑え込んで我慢するのではなく、かといってそれをただ怒り散らすのでもなく、何か別の形にして発信して、誰かの心の栄養にしてもらえたらと思っています。

もうひとつ、自分が「これをしないと生きていけない」と思うもので、欠くことができないのが、ジャズです。

ジャズを歌い始めたのは、医学部に通っていた大学2年生の時でした。理由は、生活費を稼ぐため。新宿のジャズクラブでオーディションがあると知り、受けたら合格してね。専属歌手になって5年間、歌っていました。医学部に行く子って、みんなお金持ちの子だと思われるけど、私の家はそうではなかったし、結核を患っていた父が倒れ、働けなくなってしまってね。当時はジャズクラブでのアルバイト代で食べていました。

　歌いながら思ったのは、こりゃダメだな、と。私は英語のネイティブスピーカーではないし、本場、アメリカのジャズマンと何が違うかって、もともと持っている文化的な背景も違うし、生まれ育ちの中で培われてきたリズム感も違う。ジャズに対して魅力を感じれば感じるほど、これはもう、どうがんばってもできないと痛感させられました。TVドラマの主題歌を歌い、レコードも出したし、歌うことは好きだったから、趣味で続けるという選択も普通は考えるのかもしれないけれど、そういう中途半端なのは嫌だったのね。医学部を卒業し、研修医を始めたのを機にやめました。

　音楽をもう一度やろうと思ったのは、1999年、47歳の頃です。医者をやり、文章を書いて本を出すなど、それぞれに力を注いできたけれど、自分の中のものを全て生かしてはいないと思う気持ちがどうしても消えない。自分の中に残っている「何か」があって、それは、ジャズ以外の何ものでもない。

　私ね、死ぬまでに自分の持っているものは全部使い切って死にたいんです。冷蔵庫の中に、材料を残したまま死にたくないの。一番嫌なのは、材料をいろいろ買っておいて、使わないで腐らせて捨てること。だったら、どんな小さな大根の切れ端でも全部使い切りたい。

　音楽を再スタートして、まずはじめは日本語で詞をつくって歌ったのだけれど、しっくりこない。試行錯誤を続けて20年ほどになるのですが、2019年にジャズ歌手のマリオン・カウィングスさんに歌を聴いてもらったら、ぜんぜんいいよ！　って。「アイ・ビリーブ・ユー」って言ってもらえたんです。スキャットシンギングの第一人者、ミシェル・ウィアーさんも、「アイ・ビリーブ・ユー」と言ってくれました。ビリーブ、直訳すると「信じる」という意味だけど、それってアメリカ人特有の表現で、嘘がない、というか、その「アイ・ビリーブ・ユー」は、あなたの歌には真実がある、という意味だと受け取りました。歌の中にある本質が伝わっている、というニュアンス。敬愛する2人にそう言ってもらえたので、励まされました。

音楽活動を再開する前の2年半ほど、私は歌うどころか、声も出なくなってしまった時期がありました。ある日、野良猫にニャオって話しかけようとしたら、そのニャオが出なかった(笑)。簡単に言うと、顔面神経麻痺で、話せないし食べ物も噛めないし、ひどい湿疹やら何やらで仕事もまったくできませんでした。

きっかけは、阪神淡路大震災後のストレスで体調を崩したこと。夫の実家が被災し、負傷した義理の両親を手伝いに行こうとクリニックを休診にしたのですが、「大丈夫ですか？」と言ってくれた患者さんは、2人しかいませんでした。なんで休診にするのか、と責められた。そのことがショックでね。それまで昼食もとらずに精一杯診てきた人たちに、こんなことを言われるなんて、って。悲しみより、怒りのほうが大きかったと思います。

声ってすごく複雑な機能で、声帯と神経を使いながら全身で出している。だから、声だけを治せるものじゃないんです。当時の私は、全身がガチガチに固まっていたし、それまで我慢して抱え込んでいたことが一気に噴き出したことも分かったので、ストレッチや整体を取り入れながら身体を緩め、自分を解放していきました。

それからは「身体を緩める」ということを、とても大切にしています。働いたら働いた分だけストレッチもする。皆さん身体をバカにしているんだけど、心よりも身体のほうが本当は繊細で、ケアするべきはまず身体。身体は心の入り口だから、身体を伸ばすと気持ちも伸びる。

2011年の東日本大震災の時にも、それを痛感した出来事がありました。ボランティアの仲間を集めて、避難所のひとつになった「さいたまスーパーアリーナ」に駆けつけ、隣にある会館に場所を借りて、ストレッチのスペースを作ったんです。福島から避難してきてお風呂に入りにきた方々に「ストレッチしましょう！」って呼びかけたら、皆さん、とても我慢強いから、大丈夫です、大丈夫です、って言う。まあ、そう言わずに、ちょっとしてみましょうよ、って身体を伸ばした途端に、ポロポロと涙を流された方がいました。

まずは身体を緩めてください。それを今、皆さんに伝えたい。身体を緩め、気持ちを緩めないと、身体も壊れてしまうし、心も壊れてしまう。まず自分が楽しくて、相手も楽しいと思えることを見つけることができ、そのことで、自分の身体も相手の身体も緩むなら最高。私のジャズが、誰かの身体や心を緩める一助になるなら、それは本当に最高だな、と思って歌い続けています。

うみはら・じゅんこ
1952年、神奈川県生まれ。医学博士、心療内科医、産業医。84年、女性のための健康管理クリニックを開設し、2014年まで診療にあたる。ハーバード大学客員研究員、日本医科大学特任教授を経て昭和女子大学ダイバーシティ機構客員教授。産業医として診療にあたる。随筆家、ジャズシンガーとしても活躍。『幸福力』ほか著書多数。

前編
「暮しの手帖」第5世紀6号
2020年6-7月号
後編
「暮しの手帖」第5世紀7号
2020年8-9月号

中満　泉

国際連合職員

一生の宝物　前編

人間には、ものすごく恐ろしい側面がある。
他方、命がけで他者を助ける人がいる。
困難な中でも
勇気を持って行動し
良心や希望を失わずにいる人がいる。
彼らからもらった感動は
私の一生の宝物です。

国連難民高等弁務官事務所（UNHCR）の職員として、初任地トルコに赴いたのは1989年、26歳のとき。以来30年以上、国際協力の世界で仕事をしてきました。仕事を続ける中で自分を支えてきたのは、「世の中を少しでもよいところにしたい」という思いです。日本にはどこかシラけたところがあるし、特に今の時代、こういうことを言うと「なんだあいつ、格好つけて」って思われるかもしれないけれど、人類というのは、これまで何百年とかけて少しずつ努力をし、そのときどきの状況をよりよい方向に変えてきたんです。「人権」という考え方が浸透して国際条約ができたり、非常時には国境を超えた救援活動が行われるようになったり。そうやって、少しずつでも「世の中をよいところにしていく活動」に参加することへの、私なりの強い気持ちと言いましょうか。熱い思いは、当初から変わらずに持ち続けています。

トルコでの難民支援の次は、平和維持活動（PKO）に携わり、その後、開発計画にも関わって、今は軍縮を担当していますが、それぞれに、難しさや厳しさがあります。それでも最初の頃の情熱を変わらずに持っていられるのは、若いときに現場にいたからです。

現場での経験というと、さぞや怖くて大変な経験だろうと思われるかもしれません。もちろん、紛争地域では危険な場面がいくつもありましたし、各地の要人や軍人と相対するシーンも数多くありました。でも、それよりも、ごくふつうの市民、どこにでもいるようなおばあさんや青年たちがときどき見せる人間の偉大さ、キラッと光る素晴らしさに触れた経験が大きかったと思います。

93年、私はボスニア・ヘルツェゴビナ南部の街、モスタルに、UNHCR現地事務所の所長として派遣されました。ボスニアは92年にユーゴスラビアからの独立を宣言しましたが、独立に反対するセルビア人と、推進したクロアチア人・ムスリム人が対立。さらに3者が敵対し、激しい内戦へと発展しました。発生から3年半ほどで死者20万人以上を出した、いわゆる「ボスニア紛争」です。私がモスタルに赴いた頃には、国の各地ですでに激しい戦闘が始まっており、市民にも大きな犠牲が出ていました。そのような状況の中、トゥズラという町の避難所を訪れた際に出会った、ひとりの老女のことが今でも忘れられません。

彼女は、後に大量虐殺事件が起きたことでも知られる東部の街、スレブレニツァから避難してきた方でした。聞けば、父親は第一次世界大戦に、夫は第二次世界大戦に出征し、息子と孫は当時の内戦に駆り出されて行方不明だという。本当に大変な状況にもかかわらず、私が日本から来たと知ると、こう言ったのです。

「国連というのはどういうものか、自分には分からないけれど、私たちを助けに、そんなにも遠くから、あなたのような人を連れてきてくれたのなら、自分たちの将来は、少しはいいものになるのかもしれないね」。そして、「無理をしちゃダメ、無茶をしちゃダメ。戦争は本当に恐ろしいものだよ」と私を気遣ってくれました。

自分の一族から4世代にわたって男性を戦争に送り、自らも家や故郷を追われての避難所生活。私がもし、彼女と同じ状況にいたら、そんな言葉は出てこなかったと思います。自らの境遇を恨み、目の前に突然現れた異国の誰かを、憎んだかもしれません。

モスタルでは、亡くなったイスラム系の友人の、妻と娘を家に匿っているクロアチア系の男性に会ったこともあります。ある日、私たちのオフィスにその男性が駆け込んできて、自分はもう彼女たちを匿えない、なんとかして助けてあげてほしい、と。当時の状況でそういった、いわゆる敵対する民族の人を家に匿うのは、命の危険にさらされることで、そうそうできることではありません。

人間には、ものすごく恐ろしい側面があり、残酷になるということを、まざまざと見せつけられたけれど、他方、命がけで他者を助ける人がいる、困難の中でも、勇気を持って行動し、良心や希望を失わずにいる人がいるとも知りました。そういう人たちとの出会いや、彼ら、彼女らからもらった感動が、私の一生の宝物です。

ちなみに、私はクリスチャンの家庭で育ち、キリスト教系の学校に通いましたが、ボスニア勤務時代に、宗教のあまりの醜さを目の当たりにし、今後は断じて、いかなる宗教にも属さず、教会にも行かないと宣言をしました。“For Others”「他者のために」という学生時代に受けた教えは、世界に目を向けるきっかけになりましたが、今の自分のモラル・コンパス（倫理基準）を確固たるものにしたのは、やはり、現場での経験だと思います。

関わった土地にはそれぞれ思い入れがありますが、奥が深いというか、一度関わり始めると抜けられなくなるのが、中東です。90年代にはイラクに関わり、ＰＫＯではシリアやアフガニスタンを担当しました。

今、中東で起こっている紛争の根っこというのは、いろんな意味で重層的です。私は到底専門家とは言えないのですが、１００年、２００年、もっとすると、13世紀にオスマン帝国ができた頃まで遡って勉強して、それでも分かるか分からないかくらいの根深さです。民族間、宗教間の争いも複雑に絡み合っていて、なかなか解決しないんですよね。近年、状況はますます悪化しています。

でも、その中東の紛争をなんとかうまく解決の方向に導いていかないと、世界全体が落ち着かない。２０１２年から2年ほど関わったシリアを例に見ても分かるように、紛争の背景にはアメリカとロシアの対立関係があり、現在の世界情勢にも大きな影響を及ぼしています。日本にとっても、決して他人事ではないのです。

シリアの内戦は「アラブの春」と呼ばれる民主化運動を契機に11年から始まりました。私がね、シリアを担当していて精神的にキツかったのは、紛争前の彼の地を知っていることでした。首都ダマスカスは中東最古の都市といわれ、古代ローマ時代からの遺跡もたくさんありました。訪れていて、いいところだなあ、と感じられる国でした。それを、あそこまで徹底的に、あんなに素晴らしく、美しかった街や遺跡を、あそこまで徹底的に破壊し尽くすことができるのもまた、人間なんですよね。そのことも忘れてはいけないと、深く心に刻んでいます。

リーダーの勇気 後編

中満 泉

今、成すべきことは何であり、
何をしなければならないのか。
それをきちんと言う
勇気の大切さ。
本当のリーダーとは、
勇気を持てる人なのだと
学びました。

国連と聞くと、日本人で初めて国連難民高等弁務官を務めた緒方貞子さんを思い浮かべる方が多いかもしれません。私が緒方さんと初めてお会いしたのは、1991年。湾岸戦争の開戦を受けて発生したクルド難民危機の現場視察にいらしたときでした。私は国連難民高等弁務官事務所に入って2年足らずの若手職員でしたが、赴任先のトルコでクルド難民危機の対応にあたっており、緒方さんの視察プログラムを調整したり、視察に随行してサポートしたりすることになりました。

緒方さんは小柄な人でしたが、とにかくエネルギッシュで、臆せずにどんどん質問をしてくる。その姿は、それまでのリーダー像とはまったく違うもので、深く感銘を受けました。私は緒方さんが指揮した10年間のすべてを知るわけではありませんが、危機が起きたときにすぐに対応できるようなUNHCRの体制づくりをした功績は大きく、当時、ガタガタだった組織をあれよあれよという間に見事に再生させた手腕は、本当に素晴らしかったと思います。

緒方さんは、勇気のある人でした。彼女が難民高等弁務官として貫いたのは、自分は難民たちの代弁者である、という姿勢。彼らの利益を実現するために〝徹底的に行動する〟という信念を曲げませんでした。「前例に基づいて物事をまわしていくような官僚主義はダメだ」と、よくおっしゃっていましたね。前例なんてどうでもいい。それより、今、成すべきことは何であり、それを実現するためには、何をすればいいのかを示せ、と。そういうことを組織のトップとしてハッキリ言うのは、勇気がいります。ああ、こういう勇気を持てる人が、本当のリーダーなのだなと、私は緒方さんの在り方から学びました。

今、何をしなければならないのかを見つめる目。それをきちんと言う勇気の大切さは、軍縮を担当している今も、大小、さまざまなシーンで実感しています。

軍縮問題は、大国の間に挟まれ、地雷原をソロソロと歩くような場面も多いわけですが、でも、言うべきことは、言わなきゃいけない。「核兵器は廃絶の方向に持っていきましょう」と言うことは、決して躊躇してはなりませんし、これまで国連があまり申し入れてこなかったような、たとえばアメリカとロシアの2国間の条約についても、きちっと進めてほしいと言う、とかね。

ただし、言い方は考える。完全に対立してしまったら、私の仕事は進まなくなってしまうので、頭を使って、ギリギリのところで相手に意見ができるような信頼関係を築かなければなりません。

信頼関係とコミュニケーションは、すごく重要です。国際関係だけではなくて、それはたぶん、どんな仕事でも、日常生活のどんなシーンでもそうだと思います。

コミュニケーションに関係して、私ね、常々思っていることがあるんです。よく、日本人は国際社会で主張しないから損だ、とか、日本人が外で成功しないのは、強く言い立てないからだと言う人がいますが、それはまったくの誤解です。コミュニケーションは、「言う」だけではありません。そこに、相手の言うことを「聞く」ことが含まれていないと、成立しません。

相手の意見をちゃんと聞く。どんなに賛成できなくても、まずは聞く。そのことを日頃から心がけていると、こちらが何かを言いたいときに、あの人はいつもこちらの話を聞いてくれるから、何か言いたいことがあるなら、とりあえず聞いてやろうか、というふうになる。

2018年に、国連はアントニオ・グテーレス現事務総長のもと、国連史上初めてとなる包括的な軍縮アジェンダ（行動計画）を発表しました。それを作る過程で、私は80カ国近い国の代表と話をしたのですが、「軍縮についてあなたの国の優先事項は何か、どう考えているのか」と意見を聞くことから始めました。こちらから会見を申し込んだときは、当然ながら、相手のオフィスに出向きましたし、まずは誠実に、とりあえず聞きます、何でも聞かせてください、と。そのうえで、こちらからも言うことは言います、と。コミュニケーションというのは双方向ですので、そういった小さなことの積み重ねが信頼関係の基となり、道を切り開く一歩になるのではないかと思います。

今、世の中は、ものすごいスピードで変化しています。この数年の間に、セクシュアル・ハラスメントに対する運動「#Me Too」があり、気候変動についてのグレタ・トゥーンベリさんの訴えがあり、人種差別の撤廃を訴える「BLM（ブラック・ライヴズ・マター）」が起きた。これも私、常々思っているのですが、この3つの運動を見ても分かるように、21世紀はやはり、ボトムアップの時代であり、これからは、いかにボトムアップの、世界を根底から変えるような「エネルギーのうねり」を作り出せるかが重要になるのだろうな、と。

国連はそもそも、アメリカとイギリスのリーダーが、「第二次世界大戦後に国際的な安定を図るための機構を作ろう」と考え、生まれた組織です。つまり、強力なビジョンを持った2人のリーダーのトップダウンによって生まれた。75年前のリーダーの役割は、ビジョンを提供することだったのかもしれません。けれど、現代のリーダーに必要とされている役割はたぶん、足元からわきあがり、若者を中心にSNSなどで広がる「ボトムアップのエネルギー」に活躍の場を与え、そのエネルギーをポジティブな力に、世界をよりよくするための力に、若い人自身が創造できるようにすることだと思うんです。

そのためにもこれからはもっと、若い人を信頼して、任せることが必要でしょうね。新しい考え方を認め、社会が新しい変わり方をしていくのもいいんじゃないかと思っています。

私ね、新しいことが好きなんです。わりと楽観的な人間だからか、未来はどういう世界になるんだろうと想像するとワクワクします。今、未来に対して希望を持ちにくいというのは、分かります。でも、努力をしなければならない。未来に対して、ワクワクできるようになるための努力を。そしてその努力を決して諦めてはいけないと思っています。

前編
「暮しの手帖」第5世紀8号
2020年10-11月号
後編
「暮しの手帖」第5世紀9号
2020年12-2021年1月号

なかみつ・いずみ
1963年、東京都生まれ。国際連合職員。89年、国連難民高等弁務官事務所の職員としてトルコに赴任し、キャリアをスタートする。以来、旧ユーゴスラビア諸国や中東を中心に、難民支援、平和維持活動、開発途上国支援に尽力。2017年より国連軍縮担当上級代表・事務次長。「核兵器禁止条約」の採択に尽力する。著書に『危機の現場に立つ』などがある。

絵本作家
西巻茅子

子どもの絵描きさん 前編

アトリエで見た
子どもたちの絵に負けないように、
私も「心の底からの絵」を
描かなくちゃいけない。
技術なんてものは、かなぐり捨てて、
心の赴くまま
描かなくちゃいけない。

美術大学でデザインを学んだのですが、卒業後の進路を考えたとき、なんとなく、企業のデザイン室に入ってデザイナーになるというのは自分に合わない気がしていました。それでも、食べていかなければならないから、本に関わる仕事ならいいかと、出版社を受けたら受かりましてね。いずれ同僚になるであろう編集部の方々とお茶をしたり、入社前の健康診断を受けたりして、すっかり入るつもりでいたら、本採用の通知がなかなか来ない。

おかしいなと思って、電話をしたんです。そうしたら、確かにデザイナーを3人採用するつもりで、あなたはその中のひとりだったのだけれど、出張から帰った社長が「やっぱりデザイナーは3人もいらない」と言いまして、と。それで私だけ落とされてしまいました。

驚きましたし、腹も立ちましたよ。でも、他に行きたい会社もないし、まぁ、アルバイトをしながら自分が本当にやりたいことを探していけばいいかと。予期せずフリーターになったわけですが、あまり困ることはなかったですね。当時は雑誌にイラストを描くとけっこうな原稿料をいただけたんです。NHKの幼児向け番組「うたのえほん」の背景を描いたりもして、いくつかのバイトを合わせれば、普通のサラリーマンよりも稼ぎがよかったくらいです。それでもね、やっぱり定期収入を得たいと思って始めたのが、「子どものアトリエ」です。

「子どものアトリエ」は、いわゆるお絵描き教室で、実家の近くの幼稚園に場所をお借りし、週に1度、2歳から4歳くらいの子どもたちを集めてスタートしました。1964年ですから、25歳のときです。

そこで出会った子どもたちの絵がね、すごかった。このアトリエで子どもたちの絵を見たことが、私の絵本作家としての原点であることは間違いありません。

教室といっても、私は子どもたちに「好きなものを描いてね」と言うだけです。そうしたら、みんなバーッと勢いよく描く。筆を持ったらなんの躊躇もなく、描きたいものを描く。時間をかけて描き上げる子もいれば、あっという間に描き終えてどこかに行ってしまう子もいる。丸だけを大きく描く子も、細かい模様を順番に描いていく子もいる。描き方はいろいろだけれど、そのどれもが本当に〝いい絵〟でね。「子どもはみんな絵が描ける」という事実を目の当たりにして、びっくりしたんです。

子どもの絵が素晴らしいということは、ものの本で読んではいたけれど、その瑞々しさや力強さは、実際に触れて初めて知る驚きでした。子どもは教わらなくても、自分の中にあるものだけで絵が描けるんですよね。人の真似をしようなんて考えないし、人間としての感受性はすでに備わっていて、それぞれに違う個性があるんだとアトリエの子どもたちを見て知りました。

中でも忘れられないのは、いつも惚れ惚れするような絵を描いていた男の子のことです。

黙っている子でね。画用紙を置いてもすぐには描き始めず、しばらく何かを考えていて、あるときふいに、パッと筆をとり描きだす。何を描こうとしているのか、こちらには分からないのだけれど、1時間近く描いて、またあるときふいに、パッと筆を置くわけ。それで私のほうを見て「できた！」って言って、ニコッと笑うんです。

その顔を見れば、彼が自分の絵に満足していて、本当に気に入る絵が描けたんだってことが分かる。その絵を見るとね、これがまた素晴らしいのよ。絵の具をたっぷりと使った抽象的な絵で、私は彼のことを、抽象絵画の絵描きさんみたいだなと思っていました。

その子がね、小学校1年生になってしばらくしたら、お母さんがやって来て、アトリエをやめさせたいんです、と言う。理由を聞くと、学校の通信簿が全部2で、算数の教室に入れたいのだ、と。私はお母さんに言いました。学校の通信簿なんてあてにしなくていい。彼には素晴らしい才能がある。彼は絵が大好きだし、描くのが楽しいってことが私にはよく分かる、と。

でも結局、引き止められませんでした。そのことがなんとも言えず、心にずっと残っていて、あのときの悔しさや無力感は、今思い出しても涙が出そうになります。

算数の教室に行けば、算数の通信簿の数字は上がるだろうけれど、私は成績を上げるために絵を教えているわけじゃないから、アトリエに来ていても、図工や美術の通信簿が3や4になることはない。でもね、彼は本当にいい絵描きさんだったのよ。

子どもの絵には、生きていく力が込められている。自分の心を伝える力もある。一方で、そういう子どもたちの絵が、大人になるにつれ、ダメになっていくことも分かる。なぜダメになってしまうのかという問いは、その後の自分にとっての大きなテーマになりました。

「子どものアトリエ」を続けると同時に、私はリトグラフの勉強にも力を入れていました。リトグラフは学生時代に少しだけ経験があり、面白いな、とは思っていたんです。でも、当時は本格的に教えてくれる教室もなく、卒業後、銀座に日本で唯一だったか、日本美術家連盟の版画工房があると友人が教えてくれましてね。そこで作品づくりを始めていました。

作品をつくるにあたって思っていたのは、あのアトリエの子どもたちに負けないように、私も「心の底からの絵」を描かなくちゃいけない、ということ。大学で習ったデッサンとか、技術なんてものはかなぐり捨てて、思ったように線を引き、思ったように色を塗り、心の赴くまま、描きたいように描かなくちゃいけないって。

そんな思いで作品をつくっていたら、あるとき、絵本専門の出版社、こぐま社の佐藤英和さんが、私のところに「絵本を描きませんか?」というハガキをくれました。

版画工房の展覧会に出ていた私のリトグラフを、画家の油野誠一さんが見て、「この人は絵本が描ける人に違いない」と思ってくださったのだとか。それを佐藤さんに伝えてくれたそうです。

大人になった自分には、素のままの絵って、なかなか描けないものなんです。上手い絵がいい絵ではない。今でもね、アトリエで出会ったあの子たちに負けない〝いい絵〟が描きたい。それがずっと私の心の中にあります。

父のパレット 後編

西巻茅子

父は不器用で、
絵を描くことしかできない人でした。
それでも、父を恨みに思うことは
ありませんでした。
「絵を描くのは素晴らしいこと」。
父の姿を見ていたから、
今でもそう思っているのね。

私の父は絵描きでした。油彩で主に風景画を描いていて、佐賀県生まれだったご縁で、今は佐賀県立美術館に父の大きな絵がたくさん残っています。

父は不器用で、絵を描くことしかできない人でした。とにかくずっと家にいて、毎日毎日、朝から晩までキャンバスに向かっていましたね。小さな家で、家族が暮らす部屋は六畳一間。アトリエは20畳以上あり、その一角で母が洋裁をしていました。

一家の生計は、母の洋裁で成り立っていました。私は3人姉妹の真ん中で、姉と妹が父のことをどう思っていたかは分かりませんが、幼い頃、父が毎日絵を描き続けていることを「偉いな」と思っていたんです。アトリエを覗くと、描けない、描けないと言って悩んでいることもしばしば。子ども心に「なぜ父は、もっと簡単に描けないのだろう」と思ったこともあります。でも、絵を描くしかできなかった父を恨みに思うようなことは一切ありませんでした。

私自身も絵を描くのが好きな子どもで、家にある紙切れを見つけては、クレヨンでよく絵を描いていました。台所の白い漆喰の壁が真っ黒になるくらい、鉛筆でいたずら書きもしたものです。壁の落書きを怒られることはなかったですね。勉強よりも絵を描くことが好きだったから、大学は美術大学に行き、デザインを専攻しました。絵で食べていく苦労は父を見て知っていたから、デザインなら、仕事に困らないんじゃないかと思ってね。

絵を売るのは、大変なんです。絵を売りに行くとき、何度か荷物持ちとしてついて行かされたことがあります。嫌でしたね。売り先は、父の地元の企業の社長さんたち。3枚くらい持って行って選んでもらうのですが、こっちがいい、あっちがいいって、絵のことを何も分かっていない大人があれやこれやと父の絵について言っているのを聞くのは、本当に嫌なものでした。

絵本作家という仕事が、絵描きにとっていい仕事だな、と思った理由は、それもあるんですよね。絵本は、子どもが見るのだから、変な大人が見るよりもずっと絵のことを分かってくれるはずだ、と。子どもたちの感受性の豊かさや絵に対する純粋な眼差しは、「子どものアトリエ」を通して知っていましたから。アトリエで出会った、あの子たちに向けて絵を描きたい。そう思ったんです。

もうひとつ、絵本であれば、作品ひとつで何千部も刷れるのだから、苦労して1枚の絵を描いて売るより、ずっと効率がいいはずだ、とも思いました。父の苦労が、よほど身に染みていたのでしょう。

最初に出した絵本は『ボタンのくに』。1967年、28歳のときです。ぬいぐるみの目だった赤いボタンが主人公で、はさみや糸巻きといった裁縫道具が出てくるのは、幼い頃から母の洋裁が身近にあったから。とにかく夢中でつくり、翌年に2冊目の『まこちゃんのおたんじょうび』を出しました。1冊目に比べると、絵本について少しは学んでつくったけれど、自分ではね、どこか「借りてきた猫みたいな本」になってしまったなと思ったんです。それで、3冊目は「ちゃんと自分の本をつくろう」と思い、『わたしのワンピース』ができました。

「自分の本」というのは、たとえ文章がなくても絵だけで楽しめる本。物語のない『わたしのワンピース』の企画は編集者にもさっぱり理解してもらえなくて、本が出てからも最初はぜんぜん売れませんでした。

ところがね、徐々に徐々に子どものファンが増え、数年後には文句なしの販売部数に。おかげさまで私の代表作になりました。まず最初に子どもたちがあの絵本を好きになってくれた、ということが、本当に嬉しかったわね。だって私は、大人にではなく、子どもたちに向けて絵本をつくりたいと思ったのだから。

この最初の3冊をはじめ、私の本のほとんどは、絵本専門の出版社、こぐま社から出ています。そもそも、「絵本を描きませんか?」と最初に声をかけてくれたのが、こぐま社の社長の佐藤英和さん。青山のマンションの一室にあった会社を訪ねると、4、5人のおじさんたちが集まり、絵本について侃々諤々とやっている。当時はまだ絵本自体がそんなになかった時代ですからね。絵本専門の出版社なんてゼロからの挑戦みたいなもので、こんな世界があるんだなあ、と感心したものです。

佐藤さんは本当に正直で、裏表のない人。当時はなかなか稿料を払ってくれなかったのですが、ズルをして払わないんじゃなくて、なかったのよ、お金が。でも、子どもたちのために「いい絵本をつくろう」という理想や心意気があった。一生懸命、努力していたわよ。それは私、見ていて分かったのよね。その熱意の中で仕事ができたのは、とてもよかったと思っています。

今から30年以上前、46歳のときに出した『えのすきなねこさん』は、ひときわ思い入れのある絵本です。父が亡くなってアトリエを壊すことになり、イーゼルやパレットを引き取ったんです。それを毎日眺めていたら、父をモデルにした絵本を描きたくなりました。

「えをかくってすてきだ」と思っているねこさんのところにやってくる友達は、絵のことがちっとも理解できない。「なんのやくにたつのかしら」と思っている。でも、雨の降る退屈なある日、彼らは初めて絵の楽しさを知る——そんな物語です。父の姿を見ていたから、私は「絵を描くのは素晴らしいこと」といつも思っていたし、今でもそう思っているのね。父のような絵描きにはならなかったけれど、けっきょく、絵本の世界で私も絵を描き続けることになるとは。パレットを持つねこさんは、父であり、私でもあります。

絵は、父のように毎日描かないとダメね。私はいつも絵本の「最初の1枚」を描くのが大変なの。納得がいくまで、何枚も何枚も描き直します。

いいと思った絵を壁に貼るのだけれど、しばらくして見ると、あ、描き過ぎちゃったな、と思って、また描いて差し替えて、いつまでたっても「最初の1枚」ができないこともある。絵本作家を50年やっていますが、描けなくて辛いときはたくさんあります。子どもたちの心にスッと溶け込むような〝いい絵〟を描くのは難しい。今でもね、そう思います。

前編
「暮しの手帖」第5世紀10号
2021年2-3月号
後編
「暮しの手帖」第5世紀11号
2021年4-5月号

にしまき・かやこ
1939年、東京都生まれ。絵本作家。東京藝術大学工芸科卒業。67年、『ボタンのくに』でデビュー。『ちいさな　きいろい　かさ』で第18回産経児童出版文化賞、『えのすきなねこさん』で第18回講談社出版文化賞絵本賞を受賞。『わたしのワンピース』『ふんふん　なんだかいいにおい』『だっこして』など代表作多数。

料理愛好家

平野レミ

大きな手 前編

今の私があるのは、
和田さんのおかげなんです。
料理の仕事をするようになったのもそう。
結婚したときに、
和田さんが嬉しそうに言ったのよ。
これからレミの料理を
何万回食べられるのかな？　って。

私の人生の転機は今よ、今。だって47年間、夫の和田誠さんと一緒にいて、楽しくてなにも考えずに好き放題やってきたのに、亡くなっちゃうなんて……。まだまだ、信じられません。心の支えがなくて、寂しくて会いたくてたまらないって知人の芳村真理さんに話したら、写真をいっぱい置きなさいよって言うから、我が家は今、どこを見ても和田さんの写真だらけです。

黒柳徹子さんにも、寂しくて会いたくてたまらないと打ち明けたら、「愛し愛された思い出を胸に刻んで生きていけば大丈夫」と言ってくれたけど、やっぱり摑むものがなくてね。思い出は、摑めないじゃない。

摑むものがないのがつらい。思い出は摑めなくて寂しいってまた別の友人に伝えたら、その人が「息子さんがいるじゃない。半分和田さんが入っているんだから、それでいいのよ」って。ちょうどその日に、長男でミュージシャンの唱《しょう》とお嫁さんの上野樹里ちゃんがごはんに誘ってくれたから、その話をしたんです。そしたら樹里ちゃんが、「唱さん、唱さん、手を出して！　ほら、レミさん、摑んで！　思い出がありますよ、ここに」って。樹里ちゃん、いいこと言ってくれたわよ。そのとき、唱が、私の手をガチッと握ってくれました。

昔は、小さくて柔らかで、まるで紅葉みたいだった、息子の手。それが今ではギターを弾いて、ガッチリして……。そう思ったら、それまでの落ち着かない気持ちが消えて、心のつかえがスッと取れた気がしました。

今の私があるのは、和田さんのおかげなんです。料理の仕事をするようになったきっかけも和田さん。結婚したときに嬉しそうに言ったのよ。これからレミの料理を何万回食べられるのかな？　って。で、計算したの。和田さんは昼間は仕事場に行っちゃうし、晩ごはんだっていろいろな会食があったりしてあんまり一緒に食べられないとすると、50年間としたって数千回。少ないのよ。何万、何十万より、もっとたくさん、果ての果ての考えられないくらいの数かと思っていたのに、数千なんて。私は小さい頃から料理が好きだったし、和田さんが私の料理を楽しみにしていることも分かったから、じゃあ、頑張って作っちゃおうってね。

そんなふうで、和田さんが家に連れてくる人たちにも料理を作っていたら、その中に、八木正生さんというジャズピアニストがいて、彼はすごいグルメなんだけど、「レミさんの料理は簡単で美味しい」って言ってくれたの。その八木さんからの指名で、とある雑誌に食のエッセイを書くことになり、一度聞けばパッとできるような簡単な料理を紹介したら、その雑誌が書店に並ぶやいなや、「ぜひ、こういう簡単な料理をもっと教えてくれ」って雑誌やテレビから連絡が来て。そこからです。

和田さんと結婚してなかったら、八木さんと会うこともなかったし、料理も一生懸命に作らなかったし、なにしろ、和田さんは私が作った料理を絶対にマズイって言わなかったもんね。優しくてね。とにかく私は、和田さんがいれば安心。尊敬もしていました。

2019年の10月に和田さんが亡くなったあと、テレビ局が追悼の特別番組を放送してくれることになっていたんです。でも、ものすごい大きな台風が来て、中止になりました。そしたら息子たちが「お父さん、テレビに出るの嫌いだからな」って。翌年の3月に「和田誠を囲む会」を盛大に行う予定でいたら、今度はコロナ禍で飛んじゃって。それも息子たちは「お父さん、派手なこと嫌いだからね」って。

和田さんは私の父と仲良しだったから、お墓は一緒にしようということになり、納骨式は明るくやろうと家族みんなで集まって、お墓の前でイエーイなんて言って写真を撮っていたら、次男の率《りつ》のところのお嫁さんで、食育インストラクターをしているあーちゃん（和田明日香）が、石に刻んだ文字を見て「あれ？」って言うの。「お父さんの誕生日、4月10日ですよね？」って。そうなの、和田さんの誕生日は4月10日なの。でも、お墓には、4月4日って彫ってある。

みんなビックリよ。お墓の大理石に深く深く、間違って彫っちゃったんだもの！確認したんですよ。全員で何度も。父のお墓はもともと和田さんがデザインしてくれたものだから、そこに名前をどう並べるか、字体はこれでいいか、いや、もうちょっとお父さんの字に似せようか、侃々諤々話し合って、オッケー出して。それで間違うなんて……。

テレビの特番は中止、囲む会も飛んじゃう、お墓の誕生日も間違えちゃう。全部ダメでさ、和田さん、悪いね、すいませんね、なんにもしてあげられなくてって、その夜、眠れなくなっちゃって。うとうとしていたら、猫がニャアニャア鳴くんです。ごはんをあげにリビングに下りていったら、なんと、和田さんが描いたミッキーマウスの絵が、床に落ちてるじゃないの。

そのとき、和田さんが言ってくれた気がしたんです。「レミ、俺のことは、心配しないでいいよ」って。

絶対にそうなの。和田さんはミッキーマウスが大好きで、その絵は壁に鋲でググッとしっかり留めてあったから、自然に落ちるはずないのに、鋲ごと外れて、離れたところに落ちてるんだから。あれは絶対に和田さんよ。

夫婦って、どちらかが相手に先立たれてしまうのよね。結婚している限り、その試練はどちらかにやってくる。でも、それが私にもあてはまっちゃうなんて、考えてもみませんでした。

両親が亡くなったときも悲しかったけれど、夫を失う悲しみは、また別の形をした悲しみで、なんでこんなに苦しくなくちゃならないの、ってくらい苦しい。私が父と母の子として生まれたことは私の意思ではないけれど、和田さんと結婚したのは私の意思であって、その責任というのか重みの差なのかしら。でも、夫や妻に先立たれても、みんなちゃんと生活していくのだから、私も頑張らなきゃね。

みんなに優しく、嫌なことや意地悪なことはしないで、人をたくさん喜ばせてさ。和田さんがそうだったように。これからまだまだ、いいことをしなくちゃね。

風強ければ　後編

平野レミ

父は、政治から音楽、幽霊やＵＦＯまで、
面白い話をたくさんしてくれました。
朝から笑いが絶えなくて、
家は一番好きな場所。
学校に行くより
家にいるほうが勉強になって、
ずっと楽しかったのを覚えています。

結婚して、新居にはじめて両親が来たとき、父が一枚の色紙をくれました。父、平野威馬雄《いまお》は詩人でフランス文学者で、300冊もの本を書いた人。色紙には父の直筆でこんな詩が書いてありました。

「風つよければ　神さまは　靴のかかとに　棲み給う」

どういう意味かを父に聞いても、「いいんだ、いいんだ。詩なんて自由に解釈すればいいんだ」と言うだけ。そのまま額に入れて長いこと忘れていたのですが、父が亡くなってから、その詩のことをよく思い出すようになりました。

あるとき、こう解釈したんです。神さまは、お父さんのこと。仕事やら子育てやらで私に吹く風が強いときは、かかとに棲む父が、倒れないように支えてくれている……。だから私は、ずいぶんいろんなことを乗り越えることができたし、倒れずにここまで来ることができた。あの詩は宝ね。今になってなおさら、そう思います。

私は父のことも母のことも大好きで、両親みたいな親になりたい、と思って今までやってきたんです。愛が深くて、夫婦仲良く、優しくて。学校の参観日だって2人揃って来ちゃうのよ。通信簿を持って帰っても、中なんて見なくて、成績が1だろうが5だろうが、あぁいい子だ、いい子だって言って褒めてくれて。とにかく、私のことをいっぱい、いっぱい愛してくれました。

父は政治から音楽、幽霊やUFOまで、面白い話をたくさんしてくれました。朝から笑いが絶えなくて、家は私の一番好きな場所。父が主宰する「詩の会」の集まりには、詩人のサトウハチローさんや金子光晴さんなど、30人近いお客さんが来て、みんな面白い人ばかりだから、子どもながらに興味津々。学校に行くより、家にいるほうが勉強になって、ずっとずっと楽しかったのを覚えています。

私ね、高校を途中でやめちゃったんです。間違えて都立の進学校に入ったらついていけなくて。上野の山の高台にある高校で、教室の窓から東京大学が見えるんだけど、先生がさ、窓の外を指さして、あの場所を目指して勉強しろって言うのよ。昼休みだってみんな黙って勉強してるの。これは、とんでもないところに入っちゃったな……と思っていました。

ある日、英語の授業で先生に指されちゃってね。宿題の部分を立って訳しなさいって言うんだけど、宿題をやっていかなかったから、机の下であんちょこを見て、いかにも訳しているように15行くらい、ゆっくり読んだのよ。で、読み終わったら、「君、ページが違うよ」だって。嫌な先生よね。ずっと聞いていながらさ。クラスのみんなも、意地悪よ。読んでいるところが違うよって言ってくれればいいのに。

ああもう、こんなところ嫌だ、と思って「先生、さようなら。みなさん、さようなら」って言って教室を出たっきり、行かなくなりました。でも、そのことを父にも母にもなかなか言えなくて、毎日学校へ行くふりをして出かけては、山手線にずっと乗っていたり、公園でお弁当を食べたり。1週間ほど経って、いよいよ母に言ったら、「自分でお父さんに言いなさい」って。

父の前ではじめて正座をして、学校、やめたくなっちゃった、って伝えたら、父が言ったの。「やめろ、やめろ。レミにはレミに合った学校があるから、そこに行け」。それだけ。理由はなんにも聞かなかった。あのときのお父さん、忘れられないね。カッコよくて、本当にいいお父さんでした。

私のことをいっぱい、いっぱい愛してくれた両親と同じように、私をまるごと受け入れてくれたのが、夫の和田誠さんです。だから和田さんとの結婚生活は、父や母と生活していたのとなにも変わらず、1段上に行くのでも下に行くのでもなく、段差がないまま、ツルツルーッと平らなところを移動した感じで、それでここまで来ちゃったから、今が大変よ。和田さんが亡くなって、はじめてひとりになっちゃって。どうしていいのか、分からないんだもの。

和田さんもいいお父さんだったのよ。

長男の唱が中学生のときのこと。学期末試験の前日だというのに、学校からなかなか帰ってこないのよ。どうしたのかしらと思っていたら、玄関のドアを勢いよく開けて入ってきて、ギターのパンフレットの束を振って、「お母さん、どれ買ってくれる?」って。

「なに言ってんの、明日から試験でしょ！」って言い返したら、それっきり部屋に入ってシーンとしているから、よしよし、勉強しているな、と思って覗いたら、なんと。和田さんの古いギター持ったまんま、寝ているの。

親としてはさ、やっぱりほら、試験だし、和田さんに「大変！　唱がギター持ったまんま寝ちゃった」って言ったら、和田さん、ぜんぜん驚かなくて、「それでいいんだよ」って。

唱がギターで仕事をするようになってから、和田さんが言ったもんね。

「ほらみろ、あのとき俺がギターを取り上げて、勉強しろなんて言っていたら、こうなってなかったよ。やりたくもないことをやって、つまらない人生を送るより、好きなことをやるほうがいい」

ほんと、そうだと思うわ。たとえお金にならなくても、好きなことで生きていければいいのよ。唱は今、嬉しそうだもん。嫌そうに生きるより、嬉しそうに生きるほうがずっといい。そのほうが身体にいい。

最近、和田さんの会社を整理していたら、和田さんの18歳くらいの頃の日記帳が出てきたんです。その年代の日記なんて、女の子のこととかさ、下半身のことがいっぱい書いてあるんじゃないかと思うでしょ？

息子たちにも、そんなの読むもんじゃないよ、お父さんに悪いよって言われたんだけど、お父さん、ちょっと読ませて！　って、写真に向かって拝んで、全部読んじゃったらさ、スケベなことなんて、なんにも書いてないの。映画のこと、ジャズのこと、好きなことを、それはそれは熱心に書いていて、清らかでいいのよ。和田さんのことを、ますます好きになっちゃって。ほんと、どうしたらいいのかしらね。

前編
「暮しの手帖」第5世紀12号
2021年6-7月号
後編
「暮しの手帖」第5世紀13号
2021年8-9月号

ひらの・れみ
料理愛好家。家族に料理を作り続けた経験から、"シェフ料理"ではなく"シュフ料理"として美味しくて作りやすいレシピを発信する。レミパンやジップロンなどのキッチン用品の開発も行う。エッセイ『おいしい子育て』は、第9回料理レシピ本大賞のエッセイ賞を受賞。新刊『平野レミの自炊ごはん』など著書多数。夫はイラストレーターの和田誠。

写真家

石内 都

敵討ち 前編

これから何をするにしても、
まずは足元をきちっと
見なければならない。
横須賀を撮ることは、私にとって
街から受けた傷や痛みに対しての敵討ち。
モヤモヤとした思いを捨てて
先へ進む自分のためでした。

私は群馬県で生まれ、小学校にあがるとき、父の出かせぎ先の神奈川県の横須賀市に移りました。

横須賀って基地の街ですからね。目の前に国境がある。普通じゃないわけですよ。何この街、ってびっくりしちゃって。群馬県の田舎から出てきたこともあって、ある種のカルチャーショックを受けました。

小学校も高学年になると、女の子は歩いちゃいけません、と言われる場所がある。米兵を相手にする歓楽街、ドブ板通りです。強姦事件だってしょっちゅうあったのに、報道なんかされないから「事件」にすらならない。いったいこれは何だ、何かが変だ、変だと思いながら暮らしていました。結局、そのときの違和感が私の最初の作品『絶唱、横須賀ストーリー』につながるわけですが、そもそも、なぜ写真を撮り始めたかというと、たまたまね、目の前にカメラと暗室道具があったからなんです。

高校3年生のとき、東京オリンピックがありました。街中にかっこいいポスターが貼られ、ポスターを作ったのが亀倉雄策さんだと知り、亀倉さんの存在を通して、デザイナーという仕事があると知りました。それで、私もデザイナーになりたいと思い、多摩美術大学のデザイン科を受けたら、見事に落っこちちゃって。そりゃそうよね。専門的なことは何も勉強してなかったんだから。

一浪して翌年受かったのですが、ポスターカラーを塗るのも下手だし烏口《からすぐち》も使えない、授業にまったくついていけない……。デザイナーには向いてないと悟り、落ち込んじゃって。カウンセリングを受けたり、けっこう深刻だったんですよ。それで途中から織科に転向しました。

織科に行ったら行ったで、これもまた全然向いていなかったんだけど、時代は大学闘争真っ盛り。大学4年になった1969年にロックアウト（大学閉鎖）になりました。そしたらね、大学から「1年間の授業料を払ったら卒業証書をあげます」っていう通知が来たんです。

でもそれって変だと思いません？　授業をやっていないのに授業料を払えだなんて。私はバリケードの中でも織科の教室で布を織っていたし、自主授業とでもいうのか、自分なりにちゃんと学んだ気もしていました。そのとき親に言ったのは、「卒業証書を必要とするような職業には就かないから、払えと言ってきたお金を私にちょうだい」って。くれなかったけどね。結局、卒業証書はもらわずに辞めました。

大学を辞めてからは、当時流行っていた絞り染めのTシャツを作って卸したり、いろいろとやってはみるものの、どれも割に合わない。こんなことしててもしょうがないな、と思っていたら、あるとき友人が、親戚にもらったというカメラと暗室道具を「捨てるのはしのびないから、君の家に置いておいてくれ」って、持ってきたの。

ただ置いてあるだけで使わなければゴミと一緒だし、じゃあ、やってみようかな、と。フィルムや印画紙や薬品といった消耗品だけを買って、見よう見まねで暗室を作って入ったら、懐かしい匂いがする。何かと思ったら、氷酢酸。写真の定着液には氷酢酸を使うのですが、糸を染めるときにも、色止めに氷酢酸を使うんです。写真って、染め物なんだ、白い糸を染めるのと一緒なんだ！　とハッとして、それで一気に写真に興味を持ちました。

暗室って素晴らしいのよ。真っ暗な部屋で赤いランプつけて、毒みたいな液を混ぜて。錬金術みたいで、いい感じなの。私は暗室に入りたくて写真を撮り始めたんです。写真を撮らなきゃ、暗室に入れないからね。

そんなふうにして撮っていたら、友人が「写真のグループ展に欠員が出たから一緒にやらないか」と声をかけてくれました。作品を出したら、私の写真が一番いいと言ってくれた人がいたんです。東松照明《とうまつしょうめい》さん。戦後の日本を代表する写真家のひとりですが、このときはよく知りませんでした。

グループ展のお客さんの中には、荒木経惟《のぶよし》さんもいました。荒木さんが「ニコンサロンで展示したかったら、口利いてあげるよ」と誰に言うでもなく話しているのを聞いて。ちょうど横須賀を撮り始めていたので、荒木さんに見せたら気に入ってくれてね。報道写真家の三木淳《じゅん》さんのところにも一緒に見せに行ってくれました。

行く途中、荒木さんが「作品のタイトルは『横須賀エレジー』だね」って言ったんです。でも三木さんが「ダメだよ、そんな暗いの。これは『絶唱、横須賀ストーリー』だよ」って。山口百恵の「横須賀ストーリー」が流行っていたんです。じゃあそれで、ってことでタイトルが決まり、ニコンサロンでの個展も決まりました。

そのときはまだ、「写真をやろう」とはあんまり思っていなかったんです。なぜかというと、横須賀を撮るということは、私にとって、街から受けた傷や痛みに対しての敵討ちだったから。基地の街ってどうしようもないなと思って暮らしながら、光り輝くアメリカ文化への憧れもどこかにあって、このままモヤモヤとした思いを抱きながら生きていくことはできない、と思ったの。これから何をするにしても、まずは足元をきちっと見なければならない。横須賀という街に対して、敵を討たなければならない。それは、先へ進む自分のためでした。

30歳の誕生日は、暗室で迎えました。個展に向けて、横須賀の写真をひとりで延々と焼いていました。全紙400枚、ロール20m焼いたから、個展が始まったときには、もう写真はやり切った気がしていたくらいです。

個展には森山大道《だいどう》さんも来てくれました。グループ展に出していた頃、よく「石内さんは、森山大道の弟子ですか？」って聞かれたんです。私、森山大道をよく知らなくて、見てみたら、すごいかっこいい写真じゃん。なぜ弟子なんて言われるんだろうと思ったら、森山さんの写真は黒々と粒子が立っている。私の写真も、黒くて粒子がブツブツしている。だから個展が始まるとき、森山さんに電話したの。「私はあなたの弟子と言われています。よかったら見に来てください」って。

そうしたら森山さん、真っ黒なサングラスして来て、こんな黒い写真、見えるわけないじゃんって思っていたら、写真の前でパッとサングラス取って見てくれて。嬉しかったですね。それは今でも、忘れられないシーンのひとつです。

写真の向こう側 後編

石内　都

思えば、いつも写真を撮りながら、
目の前の被写体とは
別のことを考えてきました。
どうやって生きるのか、とかね。
言葉にはならない、
写真にもならない、
写っている向こう側のことを。

30歳のときに開いた初めての個展「絶唱、横須賀ストーリー」で、写真を撮るのはもう終わりにするつもりでした。でも、個展の会場で、報道写真家の三木淳さんから「次は何を撮るの?」って聞かれてね。とっさに「アパートを撮ります」って言っちゃったんです。

なぜアパートなんて言ったかというと、六畳一間の狭いアパートに家族4人で住んでいたことがあるからよ。6歳から19歳まで暮らした基地の街、横須賀を撮ることは私にとって敵討ちみたいなものだったけれど、人の体臭に満ちた狭いアパートには、どこか惹かれているところもあって、そのミステリアスな空間を写真に撮って見てみたかったんです。

私の写真は個人史なんです。自分に関するものを撮り、表に出すことによって、次へ進む。そういう写真なんです。だから写真であって、写真じゃない。当時は特にそうでした。なのに、一連のアパートの作品で木村伊兵衛写真賞をもらうことになりまして。女性で初めての受賞ということで、新聞、雑誌、広告とあらゆる業界から仕事の依頼が来るようになりました。

受賞後の1年間は、その「あらゆる仕事」をやってみたんです。やってみたけれど、つまらない。プロ意識なんてなかったし、依頼された「仕事」を自分のものにするなんてことも、できませんでした。実のところ、どう撮っていいか分からなかったのよ。

依頼主からすると、こっちは木村伊兵衛写真賞をとった作家だと思っているから、「好きなように撮ってください」なんて言うんだけど、そんなの、困っちゃう。そもそも、仕事となると、写ってなきゃならないじゃない？　大丈夫かな、失敗して写ってないなんてことないかな、なんてドキドキしながら撮ってて、楽しいわけない。私は人のための写真は撮れないし、撮っちゃいけないな、と思って。そこから25年間、「写真の仕事」はまったくしませんでした。

仕事としては撮らなかったけれど、写真自体は続けていました。自分のためだけに撮り続けていたのが、結果的に、よかったのでしょう。撮るのは土日だけ。平日は会社勤めの事務員をして生活していました。

自分のための写真が、褒められて「作家」ということになったけど、褒め言葉になんて、惑わされちゃダメよ。褒めるなら、一生褒めてよって思うけど、所詮、一時のことじゃない。私、褒め言葉は信用してないの。むしろ、批判された言葉のほうを、はっきりと覚えています。批判されたら、相手がなぜそう言うのかを考える。考えることは、自分のためになる。褒め言葉は励みにはなるけど、ためにはならないわね。賞だって励みにはなるけど、私の人生には、あんまり関係ない。

40歳になったとき、自分と同じ１９４７年生まれの女性の手と足を撮り始めました。40年という時間を撮りたいと思ったからです。一番最初にモデルを頼んだのは、写真家の荒木経惟さんの妻、荒木陽子さんです。

陽子さんは私にとって、とても大切な人でした。実は私、本名が陽子で。それがきっかけで親しくなったところもあるんだけど、性格は正反対と言ってもいいくらい違うのに、気が合ってね。彼女にしか言えない話もあるくらい、とても親しくしていたんです。

なのに、写真を撮った2年後に、42歳で亡くなっちゃうんだもの。ショックでした。人ってこんなに早く死んでしまうものなのか、と愕然としました。写真集『1・9・4・7』は、完成を見ずに亡くなってしまった彼女に捧げた作品でもあります。最近また、陽子さんのことを思い出します。私ね、彼女の倍は生きなきゃ、と思っているの。がんばって84歳までは、ビシッと生きるって決めています。

思えば、私はいつも写真を撮りながら、目の前の被写体とは別のことを考えてきました。自分はどうやって生きるのか、とかね。言葉にはならない、写真にもならないこと。写真には、目の前にあるものの表面しか写らないけれど、写っている向こう側を私は見ている。そうやって撮ってきたし、今はそうやって撮ることで、頼まれ仕事も全部、自分のものにできるようになりました。

大きな転機は、2005年のヴェネチア・ビエンナーレで展示した『Mother's』かもしれません。

母の遺品を撮ったのは、母の日常がすべてのこっていたから。遺品を前にどうしていいのか分からなくて。特に下着なんて、自分で着たり誰かにあげるわけにもいかないし、その下着をつける人がいないって、なんだか変なものなのよ。下着も「どうしていいか分からない」って言っているように思えて、じゃあ撮ってあげるわって、そういう感じ。母は写真に撮られるのが苦手で、人前に自分の下着の写真なんて出されたら嫌がるだろうから、「お母さん、ごめんねー！」って言いながら撮りました。

母との関係に問題があったわけではないけれど、まあ、うまくもいってなくて。正直、生きている間は母のことがよく分かりませんでした。生身の本人同士って、そう簡単にはいかないものですよ。価値観がぜんぜん違うし、母と娘の間にある溝は、意外に深い。でも、写真に撮ることで客観的になれたし、母をひとりの女性として見ることができた。女性としてどうやって生きて、死んでいったかということも含めてね。今は母にとても感謝しています。

ヴェネチアでの『Mother's』の展示期間中、私も何度か現地を訪ねました。あるとき、ひとりの女性が私の写真を見て泣いていたんです。写真を見て泣く人がいるなんて、驚きました。そのとき、もうこの写真は私の手から離れているんだな、と思いました。母も、もう勝手にあちら側にいる。自分のための写真から、自立した、もっと大きな「写真」という存在になってそこにある。それはとても印象的な出来事でした。

写真って不思議なものです。薄っぺらい紙の上に、世界が乗っかっている。瞬間が定着し、永遠のもののようでありながら、簡単に失われてしまうし、写っていることだけが真実ではない。それを面白いと思えるようになったのは、最近のことです。40年以上撮ってきて、写真というものが、やっと身についてきたのかもしれません。

前編
「暮しの手帖」第5世紀14号
2021年10-11月号
後編
「暮しの手帖」第5世紀15号
2021年12-2022年1月号

いしうち・みやこ
1947年、群馬県生まれ。写真家。独学で写真を学び、79年に第4回木村伊兵衛写真賞、2014年にアジア人女性として初めてハッセルブラッド国際写真賞受賞。代表作に、広島平和記念資料館に寄贈された遺品を撮影した『ひろしま』など。21年には、43年にわたり拠点とした横浜での最後の3年間の身近な風景を記録した『Moving Away』を発行。

吉田 都

バレリーナ

やらなくてはいけないこと 前編

何かに区切りをつける瞬間は、
どんな人生にも、あるのだと思います。
引退公演で、みなさんに
きちんと感謝を伝えなくては。
そうした使命感のような思いがありました。
あんなに幸せな気持ちで踊れたのは、
初めてのことでした。

何かを始めるには、エネルギーがいるものです。でも、それと同じくらい、もしかしたらそれ以上に、何かに区切りをつけるには、大きな大きなエネルギーと、強い決意が必要になることもあります。9歳でバレエを始め、17歳で単身イギリスに渡って35年。バレリーナとして踊り続けることだけを考えてきた私にとって、引退は、本当に大きなターニングポイントでした。

引退を決意した直接のきっかけは、日本で唯一、国立の劇場に所属する新国立劇場バレエ団から芸術監督のオファーをいただいたことです。現役を続けながら芸術監督をお受けする、という選択肢もありました。でも、ひとつのことに集中して取り組みたい、という自分の性格を考えると、両立は難しく、どちらかを選ぶとなったら、その答えは明確でした。

私がこれから担うべき役割は、若いダンサーたちのサポート役。今までたくさんの先生や先輩方から受け取った教えを、次の世代に伝えていくこと。それは、私がやりたいことであるだけでなく、「やらなくてはいけないこと」だという強い思いがありました。

舞台に立つことは自分の一部になっていましたし、踊っていない自分なんて想像もできなかったけれど、ここできっぱりと区切りをつけ、舞台を降りる覚悟を決めて、2019年の8月にバレリーナとしての引退公演を行うことにしました。

引退公演って、義務ではないんです。静かにフェードアウトする道も、もちろんありました。でも、それも私にとっては「やらなくてはいけないこと」で、今まで応援してくださった方々に感謝の気持ちを込めて最後の公演をし、きちんと「ありがとう」を伝えることに、ある種の使命感があったように思います。

2010年に英国のロイヤルバレエを離れるときにも引退公演を行いました。公演の準備はもちろん、精神的にもそれはそれで大変ではあったのですが、やはり区切りをつけるのは大事だと感じました。そのとき、ある人に言われたんです。「都さんって、終わりを大切にしますよね」って。言われて初めて気がついたのですが、確かに、何か次のステップに移るときにはいつも、それまでの終わりというものを、無意識のうちに大切にしてきたように思います。

最後の舞台に立つまでの1年は、振り返っても目が回るくらい、いろいろなことが起きました。

決心をした直後に骨盤の疲労骨折が分かり、年齢的なこともあってか、なかなか治らなくて。骨折の経験自体はそれまでもあったのですが、骨盤は初めてで、ショックでした。休んでも治らない。治らないまま、どんどん時間は過ぎていく。夏が終わり秋が過ぎ、体調を崩して真冬のロンドンで入院したときには、もしかしたら、引退公演で踊るのは無理なのではないか、という不安が頭をよぎりました。退院直後は歩くこともできないくらい筋力が弱まっていて、焦りました。

ストレスで歯を食いしばりすぎたのか、歯も割れてしまい……。横に割れたならまだよかったのですが、縦に割れてしまったので、抜かなくてはならず、満身創痍。気管支炎にもなりました。吸っても吸っても息が吸えない。生まれて初めて吸入の薬を処方され、それも治るのに1カ月くらいかかりました。

父が亡くなったのは、公演の1カ月ちょっと前のこと。本当に、これまで経験したことのない困難や試練のすべてが同時に押し寄せてきたような1年でした。

そうした試練の先にたどり着いた引退公演『ラストダンス』は、私にとって、言葉では言い尽くせないほどに特別で、幸せな時間でした。

とにかく、舞台に立てるだけでありがたく、あんなに幸せな気持ちで踊れたのは、長年のバレリーナ生活のなかでも、初めてのことでした。それまでは自分の踊りに関して常にプレッシャーがあり、主役という役目を果たすことにせいいっぱいだったんです。

一緒に出演してくださったダンサーやスタッフの温かさも身に染みました。舞台稽古初日に楽屋入りしたときは、ああ、これが最後なんだな、という寂しさがこみ上げてきて、目を合わせると泣いてしまうから、みんな、それとなく、目を合わせないようにしてくれて。あのときのことを思い出すと、今でも胸がいっぱいになります。

引退公演をして、本当によかった。あの公演があったからこそ、私は今、とても穏やかな気持ちでいられます。もう舞台には立たないということを心から受け入れられていますし、後悔も心残りも、一切ありません。

何かに区切りをつける瞬間は、たぶん、どんな人生にも、あるのだと思います。思いを残すことなく次へ進むのは簡単ではないけれど、自分で決めて、自分で貫くしかない。

実は、18歳で英国のサドラーズウェルズ・ロイヤルバレエに入ったとき、自分は30歳くらいで引退するんだろうな、と思っていたんです。ところが、1年、2年と踊っていくうちに、どんどん面白くなり、ロンドンのロイヤルバレエにプリンシパルとして移籍したのが、ちょうど30歳のとき。年齢を重ねることで体力的には大変な面もありましたが、身体への意識が変わると共に感覚が研ぎ澄まされていくのが分かり、踊るたびに新たな発見や達成感がありました。それで53歳まで続けられたのですから、運もよかったのだと思います。

現役時代の自分にもし声をかけるとしたら、よく頑張りましたね、のひとことです。バレエ向きの骨格ではない小さなこの身体で、日々、自分と向き合いながら獲得していかなければいけないことが、たくさんありました。異国での生活を含め、右も左も分からないなか、われながらよく頑張ったと思います。特に渡英して間もない頃は余裕が持てず、私はひとりで闘っている、と気を張ることもありました。でも、本当はたくさんの人に助けられてきた。それは、あの『ラストダンス』が改めて教えてくれたことであり、そのことへの感謝が、今の私を支えてくれています。

吉田 都

身体の軸を鍛えるのと同じように、
心の軸を鍛えること。
雑音からは距離を置き、
自分と向き合う時間を
繰り返し持つことが、
心の強さに
つながっていたのかもしれません。

心の軸 後編

２０１９年の８月にバレリーナを引退し、翌年の９月に、新国立劇場バレエ団の芸術監督に就任しました。芸術監督としての仕事は、私にとって、すべてが初めてのこと。何が起こるか分からないとは思っていましたが、まさか、コロナ禍に見舞われ、劇場での稽古ができなくなったり、公演そのものが危ぶまれる事態になるとは、本当に、思ってもみませんでした。

就任後の開幕公演は『白鳥の湖』の予定でした。でも、英国がロックダウンして準備が進められなくなってしまったので延期とし、急きょ演目を『ドン・キホーテ』に変更しました。『ドン・キホーテ』は前芸術監督の大原永子《のりこ》先生のもとで進んでいたプログラムで、春にリハーサルを始めていたものの、やはりコロナ禍の影響で中止になっていました。そこで、当初予定されていたキャストのまま、その思いを引き継ぐかたちで上演をすることにしたのです。

『ドン・キホーテ』では、新たな試みとして、公演映像の有料配信も行いました。配信したことで、今まで以上に多くのお客様に見ていただけて、困難なときだからこそサポートしてくださる方も多く、それは本当にありがたかったです。先行きは不透明。そのときどきの状況に応じて何が最善かをパッと決めて、パッと進んでいかなければならず、大変ではありましたが、基本的にはポジティブな気持ちを保てていたと思います。

どんなときも、自分ができることをやるしかないんですよね。それは、現役時代にさまざまなトラブルを経験するなかで、身をもって学んだことでもあります。

大変なときに、大変なことをよい方向に持っていこうとする。思わしくない出来事が起こったときも、見方を変え、よいように捉えようとする。そして、できないことより、できることを考える。

思えば、踊ることに関しては、子どものときから「練習すればできる」「どうにかすればできる」と、できる方にしか考えたことがありませんでした。たとえ、そのときにできなかったとしても、ずっとできないとは、なぜか思わなかったんですよね。

大人になってからは、意識的にポジティブでいようと心がけてきました。できないと思うと、できなくなる。一度マイナス思考にはまると、どんどん負の方向に引きずられ、心も身体も、そこから抜け出せなくなってしまう。そういう経験も少なからずあります。

私は17歳で英国へ渡り、ほどなくプロのバレリーナとしての仕事をスタートしたのですが、20代のはじめに怪我をして、踊るのが怖くなってしまったことがあるんです。気持ちも落ち込み、どうしたらいいのか、分からなくなってしまって。そのとき、バレエ団のメンタルケアの先生から、気の持ちようや不安を乗り越える方法を、いろいろと教えていただきました。

私が所属していた2つのロイヤルバレエの素晴らしさのひとつは、ダンサーを取り巻く環境が整っていることです。私がサポートを受けたのは30年近く前ですが、精神的なケアをするシステムもきちんと用意されていました。心を保つ大切さを早い段階で教えてもらうことができ、本当に助かりました。日本ではいまだにそういった環境が整っておらず、若いダンサーを心身ともに支えるシステムづくりは、現在注力していることのひとつです。

心と身体はつながっています。舞台で最高の演技をするために、身体を最善の状態に持っていきたいなら、まずは自分の心の状態に目を向けなければならない。身体の軸を鍛えるのと同じように、心の軸を鍛えることが大切なんだと、その後の長いキャリアのなかで痛感することがたびたびありました。

ダンサーのなかには、気持ちの上がり下がりが激しい人もいます。バレエ団は競争の世界でもあるので、精神的に相手を追い込もうとする人もいます。たぶん人間は本能的に、自信がなかったり自分の立場が危うい と感じはじめると、周りを攻撃する生き物なのでしょう。厳しい世界に身を置きながら日々生活していくためには、そういった負の感情や人間関係の雑音から身を守る、自分なりの方法を見つけていくしかありませんでした。

シンプルですけど、たとえば、うわさ話や陰口、悪口のたぐいの輪の中には入らないようにしていました。圧力をかけてくる人に対しては、関わらないけれど受け入れるというか、自分の受け取り方を変えるようにしていました。とにかく、雑音からは距離を置き、影響を受けないようにしていたら、「都はいつも禅だね」なんて言われたりして（笑）。禅を目指していたわけではありませんが、精神統一の大切さは意識していて、いつも「自分のやるべきこと」に集中するようにしていました。

それでも心は揺れるし、不安になることはある。そこから先は、バレエに助けてもらった部分で、最終的には、日々、舞台で踊ることだけを考え、稽古を重ねていくことで、周りに囚われずに済むようになりました。

私は舞台で踊るのが好きでしたが、稽古をするのもとても好きです。それは、自分と静かに向き合える、大切な時間でもあります。毎日の稽古は私にとって、確かに、メディテーション、つまり禅の瞑想みたいな意味があったんだと思います。自分と向き合う時間を毎日欠かさず、繰り返し持つことが、心の強さにつながっていたのかもしれません。

日々の稽古のメニューは、子どもの頃から変わらず、よく飽きないね、と言われていました。でも、毎日同じことをしていても、毎日違うんです。身体の感じ方も、動かせる範囲も、いろいろなことが全部違う。稽古は今でも家で続けています。身体を動かしていないと、体調を崩してしまったりするんです。

芸術監督の仕事が朝早かったら、今日はちょっと稽古をお休みしようかな、という日もあります。現役時代だったら、そんなこと絶対にあり得なかったわけで、今はプライオリティが変わり、自分の身体に対してだいぶおおらかになりました。ちょっとくらい足が痛くても、もう気に病まなくていい。これからは今までより和やかに、自分の心と身体を見つめていきたいと思っています。

よしだ・みやこ
東京都生まれ。バレリーナ。9歳でバレエを始め、1983年に渡英。英国のサドラーズウェルズ（現バーミンガム）・ロイヤルバレエ、英国ロイヤルバレエにて22年にわたりプリンシパルとして活躍。2007年に大英帝国勲章（OBE）を受勲。紫綬褒章ほか受賞歴多数。19年に引退。翌年より新国立劇場舞踊芸術監督を務める。

前編
「暮しの手帖」第5世紀16号
2022年2-3月号
後編
「暮しの手帖」第5世紀17号
2022年4-5月号

ウー・ウェン

料理研究家

これも人生の出来事 前編

いつの時代も順風満帆
ばかりではないけれど、
今の状況が一生続くとは思っていません。
高い理想を掲げて無理をするより、
今を受け止めて、
向き合っていくほうが
幸せだと思っているんです。

私ね、来年で還暦なんです。毎年干支の飾りを新調するのですが、今年、張り子の虎を買ったとき、来年は六十干支《ろくじっかんし》がひと回りするのかと、驚きました。もう還暦？って。自分のことなのに、自分が一番、衝撃を受けています。

これまでの人生で大切にしてきたことは、無理はしない、ということかもしれません。未来への高い理想を掲げて無理をするより、今に真摯に向き合っていくほうが幸せだと思っているんです。将来については、誰しもいいことしか考えたくないものです。でも、いいことも悪いこともあるのが人生です。いつの時代も順風満帆ばかりではないことは、歴史が証明するところでもあります。

コロナ禍になってから2年ほど、私のクッキングサロンはずっとお休みをしています。生徒さんたちの感染リスクを下げるためにできることといえば、休講することしかないんじゃないか、と。クッキングサロンは私にとって、とても大切な場所ですが、無理をしてでも運営し続けようとは、一切してきませんでした。

自分の思いや理想にとらわれすぎると、答えを急いだり、無理を重ねたりすることになる。コロナ禍は思っていたより長引いていますが、今の状況が一生続くとは思っていませんから。これも人生の出来事と思い、受け止めるしかない。受け止めて、考えて、自分がいいと思う方法で対処していくしかありません。

そうやって、時代を少し俯瞰して捉えているのは、私が中国の文化大革命を経験しているからかもしれません。

私は1963年に北京で生まれました。3年後の66年、時の指導者、毛沢東の号令のもと、文化大革命が始まりました。文化大革命というと、日本のみなさんは、教科書のなかの話だと感じるかもしれません。でも、実際に私が3歳のときに始まったことであり、その時代を生き抜いた母は、87歳の今も北京で健在です。

両親は共に気象学者でした。母の生家は資産家でもあったので、封建的文化や資本主義文化を批判する文革においては、学問があることも、資産を持っていることも、死に値するほどの「罪」とされました。

私が小学校に入る頃になると、文革はいっそう激しさを増し、母と私は農村に下放《かほう》されることになりました。下放とは、知識人らに農民の生活と仕事を体験させることで「再教育」を施す、というもの。当時、兄は父方の祖父母の家に預けられていましたから、父は北京にひとり。以後5年にわたり、母と私は農村を転々としながら暮らしました。何も悪いことはしていないんですよ。なのに、農村に行かされるのは「君たちが悪いから」と。

大変な時代でした。でも母は心底明るい人で、外でいろいろとひどい目にあっても、家に帰ってきたら、明るく大きな声で「お待たせー!」って台所に駆け込み、美味しいご飯を作ってくれました。小柄でふくよかな人でね。幼い頃、母が台所に入って料理をしている姿を見るたび、ああ、お母さんってきれいだな、と思いました。愛情豊かで、にぎやかな人。そんな母の側にいて、「なぜ私はこの家に生まれたんだろう」と悲観することは一度もありませんでした。

学校では誰も遊んでくれなかったし、公職に就いている人たちは、政治的な理由で私たちに厳しい態度を取らざるをえないこともあったと思います。でもね、農村の人たちには、本当によくしていただきました。

母が遅くまで家に帰れないときには「お腹がすいたでしょ」って、おやつを持ってきてくれた人もいっぱいいました。命に対する本能的な愛というのか、そういうところが、人間の一番美しいところだと思います。私たち親子のことを気にかけてくれている。そうわかるだけでも、生きる力になりました。

父は4年ほど前に亡くなり、母は今、老人ホームで暮らしています。相変わらず明るくにぎやかで、なにかと他の入居者の方たちの面倒を見たりして、そんな様子を聞くたびに、母らしいなと笑顔になります。

週末やお正月などの休日には、家族との時間を過ごすため、北京にある兄の家に外泊をすることもあります。そんなとき母は、外泊先のないおばあちゃんも一緒に連れて帰ったりするんです。血縁など関係なく、同じホームで暮らしている人なんだから、と。人と人をつなぐのは、やっぱり、愛情ですよ。文革のあの時代、周りの人に支えられた経験があるからこそ、母は今も、喜んで周りの世話をやくのかもしれません。にぎやかな母とは対照的に、父は寡黙で、ただそこに座っているだけの、置物みたいな人でした。

父との思い出でよく覚えているのは、母と私が農村に暮らしていた頃、休みの日に北京から自転車で会いに来てくれたこと。片道約6時間。距離にして90キロ近く。道中の食料はピーナッツだったそうです。来て何をするでも何を言うわけでもなく、ただ側にいるだけですが、父の姿を見ると、ホッとしました。

父が亡くなる前、入院先の病院でその頃の話をよくしていました。父は「俺はまるでバレリーナだな。バレリーナはチョコレートをエネルギー源にするそうだ。ご飯をいっぱい食べたらお腹が膨らんで動けないだろ。俺のエネルギー源はチョコではなくピーナッツだった」って笑っていました。

晩年までピーナッツ、好きでしたよ。中国では栄養補給にヒマワリの種を好んで食べる人が多いのですが、父は手先が不器用で、〝置物のような〟学者でしたから、ヒマワリの種の殻を上手くむくことができなくて。ピーナッツはカロリーがあって腹持ちがよく、身体にいい食べ物です。

食べ物って、やっぱり大事です。そして、これは何度も何度も言うけれど、大変なときに人を救うのは、物じゃなくて愛情です。贅沢ではなくても愛情のこもった美味しいご飯さえ作って食べていれば、やる気が出る。元気で、健康でさえいれば、いつか必ず、転機は来る。

だから焦らず、無理をせず。クッキングサロンの生徒さんや子どもたち、誰に対してもね、私ができることは、それしかないんです。

ウー・ウェン

中国人でいることは、
私の「役割」だと思っています。
政治や経済の話ばかりでは、
関係は遠くなる。
いいお付き合いをしていくためには、
時間を共有し、お互いの国をよく知ること。
そのための交流を続けていきたい。

よき隣人 後編

１９６６年から始まった中国の文化大革命は、10年余り続いたのち、周恩来と毛沢東が相次いで亡くなったことをきっかけに、終わりを告げました。下放され、５年にわたり農村暮らしをしていた母と私も北京へ戻り、文革後の近代化、国際化という時代の大きな変わり目のなか、私は中学、高校へと進みました。

大学は北京師範大学の英文科に入りました。英文科を選んだのは、外国に行ってみたかったからです。その頃には中国でもごく普通に、外国の雑誌や映画が見られるようになっていましたから。もっと外の世界を知りたい。知らない国に行ってみたい。10代の若者がそう考えるのは、ごくごく自然な流れだったと思います。

大学を卒業後、いったんは国が決めた通りに電力会社に就職をしましたが、あまりにも退屈で耐えられず、１年後、外資系企業を支援する民間会社に転職をしました。そこで私の「外国へ行きたい熱」は再燃します。外の世界を自分の目で確かめた先に、なにか役に立てることがあるのではないかと、改めて思ったんですね。働きながら奨学生試験を受け、カナダの学校に留学をすることになりました。

ところが、です。人生って、本当になにがあるかわからないものです。カナダ留学を１カ月後にひかえた89年の６月４日、天安門事件が起きました。

天安門事件は、中国の民主化を叫ぶ学生らの集まりを、軍が武力で弾圧。多くの犠牲者を出した事件です。このことに欧米諸国は強く反発し、アメリカやカナダからの学生ビザの発給も停止されてしまいました。私のカナダ留学も、それにより頓挫。念願の留学でしたから、とてもショックでした。

行き先の「外国」がカナダから日本になったのは、転職先で日本企業との仕事に携わっていたからです。仕事で知り合った日本の方々が救いの手をさしのべてくださり、「とりあえず」日本に行くことになりました。

26歳でした。日本語はまったくと言っていいほど、わかりませんでした。若いときは、物事をあまり深くは考えないものです。なんとかなる。言葉がわからなければ覚えればいい、ってね。今はなにかひとつ覚えようと思ったら、3つ忘れなければ頭に入らないけれど（笑）、若いときの勢いというのは、素晴らしいものです。それに、日本にずっと留まるつもりはなかったんです。とにかくいったん「外国」に出て、そこからまた次の、どこか違う国に行ければいい、くらいに思っていました。

それが今や、日本に留まり続けて32年。英語よりはるかに日本語のほうが得意になるなんて。

人生のターニングポイントでなにを選ぶのが「正解」かなんて、考えても仕方がないし、自分が正解だと思い込んでいることに、あまり固執しないほうがいいんじゃないかしら。日本で結婚して子どもを2人育て、結局、カナダにも、ほかのどの国にも住むことはありませんでしたが、今が幸せなら、今が正解。流れに乗るって大事です。

流れに乗っていくほうが、自然体でいられます。

97年から始めたクッキングサロンは、料理「教室」ではなく、あくまでも「サロン」、交流の場と考えています。生徒のみなさんと私との交流によって、日本と中国がお互いに理解できること、なにか役に立つことや面白いことを見つけられれば、と思っています。

料理は、土地の風土や歴史に深く根ざしたものですから、レシピだけじゃ、伝わらないんです。私はこれまで、80冊近くの本を出してきましたが、どんなに本を出したとしても、文字だけで伝えられることには限界があります。フェース・トゥ・フェースで時間を共有してはじめて、なぜその料理が必要なのかがわかる。

私ね、帰化していないんです。こんなに長く日本にいますが、中国人です。帰化したほうが、本当は便利なんだと思います。たとえば、私は旅が好きなのですが、中国人がビザなしで行ける国は限られていて、大好きなフランス旅行を計画するたびに、いちいちビザを発給してもらわなければなりません。不便といえば不便です。

でも、帰化はしません。だって、そもそも私は中国人です。帰化しても私の中身は変わらないでしょ。便利をとれば、不自然になる。それなら私は、多少不便でも、自然体のままでいることを選びます。

中国人でいることは、私の「役割」だとも思っています。日本で私に求められているものは、私のなかにある中国、でしょ。生徒さんたちがわざわざクッキングサロンに来てくれるのは、私がそう願っているように、レシピだけではなく、中国の暮らしや、食の歴史的・文化的な背景が知りたいからでしょう。その私が日本人になって中国を語るのは、おかしいと思うんです。

コロナ禍の前は、北京に毎月行っていました。行くたびに新しい建物やレストランが増えていて、北京は変わったなあ、と思います。その変化は嘆かわしいものではなく、むしろ「素敵だな」と思って見ています。流行りのレストランの味と、昔ながらの家庭料理の味は違います。それは日本だって同じですよね。

近いですよ、中国は。東京の自宅で朝ご飯を食べてから出ても、羽田まで車で30分、フライトは4時間弱で、お昼ご飯は北京で食べることができます。

こんなに近いのに、「あれ？　日本のみなさんは知らないの？」と思う中国の医食同源の知恵が、まだまだたくさんあります。だから、私のクッキングサロンは、まだまだ続ける意味があると思っています。政治や経済の話ばかりでは、両国の関係は遠くなる一方です。そのことが最近、とても気になっています。

それにしても、相変わらずですよ。国と国とのあいだの隔たりやもめ事は。国同士が争って、一般市民になにかいいことがありますか？　被害を受けるのは、大統領でも政府の高官でもなく、社会を動かしているごく普通の人たちでしょう。

隣人といいお付き合いをしていくためには、お互いに相手をよく知らなければなりません。私はこれからも、日本と中国の人々がお互いを知り、よき隣人でいられるための活動を続けていきたいと思っています。

ウー・ウェン
1963年、中国・北京生まれ。料理研究家。90年に来日。母親から受け継いだ小麦粉料理が評判となり、料理の道へ。97年、東京にクッキングサロンを開設し、医食同源の知恵に基づいた、シンプルな中国の家庭料理や暮らしを伝える。『ウー・ウェンの北京小麦粉料理』『料理の意味とその手立て』、エッセイ『北京の台所、東京の台所』など、著書多数。

前編
「暮しの手帖」第5世紀18号
2022年6-7月号
後編
「暮しの手帖」第5世紀19号
2022年8-9月号

渡辺えり

劇作家、演出家、俳優

考える癖 前編

幼い頃からよく質問をする子どもでした。
でもある日、父に
「自分で考えろ」と言われたんです。
今、戯曲を書く際も、
いろんな人の立場で考えて、考えて。
父の言葉が今日まで
続いているんです。

今の自分に影響を与えたことを振り返ってみると、まずはいくつかの言葉が思い浮かびます。

私の父は小学校の教員をしていて、物知りだったんですね。私は幼い頃からよく質問をする子どもで、不思議なことがあると、なんでも父に聞いていました。たとえば、かき氷の氷は削る前は透明なのに、なぜ削ると白くなるのか、とかね。不思議でしょう？　花の名前でも鳥の名前でも、聞くと父はすぐに答えてくれました。

小学校高学年になると、だんだん、あの人はどうしてこういうことを言うんだろう、といった人間の心理についても聞くようになりましてね。5年生のある日、いつものように質問をしたら、父がこう言ったんです。

「考えろ。自分で考えろ。考えればわかるはずだ」

私は、わからないことを聞いて教えてもらうのはいいことだと思っていたんです。でも、聞けばいいとは限らない。「考えて考えて、本当にわからないことだけを聞け」と。そこから全部、自分で考えるようになりました。

2018年に日本劇作家協会の会長になり、4年間の任期のなかで、さまざまな改革をしました。ハラスメント問題にも取り組み、セクハラだとかパワハラだとか、今まで表に出せなかったことを、当事者がきちんと訴えられるようにしました。問題行為が認められた人は除名にするなど、組織としての仕組みを作ることは、本当に難しい。同じ劇作家同士でそういう話をすること自体が辛いし、嫌なことでもあります。そのうえ私は、あの人の立場、この人の立場って、いろんな人の立場で「考える癖」がついていますから、考えて、考えて、考えて、考えすぎちゃって、なかなか結論が出ない。

でも父は「考えればわかるはずだ」と言った。

戯曲を書く際も同じです。物事には、いろいろな見方がある。嫁と姑の問題も、嫁を主人公にしたら姑が悪役だけれど、姑から考えたら嫁が悪者になる。8人の登場人物がいれば、8通りの見方があるわけで、それを全部、ひとつの作品のなかに収めるのが自分の作風なので、考えてばかりです。父から「考えろ」と言われたことが、今日まで続いているんです。

もうひとつは、中学生のとき、学校の先輩から言われた言葉です。

中学校では生徒会の役員をしていました。合唱クラブの部長と学級委員もやっていて、とにかく忙しくて。今の忙しさを乗り切れるのは、その頃の忙しさが力になっているんですけど、多忙ゆえの失敗もありました。2年生の文化祭で挨拶をすることになり、頭のなかで準備していたつもりの言葉が全部、飛んでしまったんです。

会場がざわつきはじめ、焦れば焦るほど言葉が出ず、なんの挨拶もできないまま「ありがとうございました」とだけ言って舞台を下りました。それは本当に驚愕の体験で、後になってもクヨクヨしていたら、同じ役員の先輩に「後悔するな。反省しろ」と言われました。その言葉を聞いてハッとして、次からは生徒会の挨拶でもまず文章を書き、ちゃんと覚えて、忘れたらその場でアドリブを言えるような技術も身に付けるようになりました。今でも、舞台でそのときのことが蘇るんです。友達はみんな下を向いていたし、立っているだけの私を見ていられず、講堂を出ていく教育実習生もいた。あんな思いはもう二度としたくない。「後悔するな。反省しろ」の言葉は、今も役に立っています。

演劇の道に進む大きな転機は、16歳、高校1年生のとき。山形の県民会館で、テネシー・ウィリアムズの名作『ガラスの動物園』を観たことでした。長岡輝子さんの主演・演出で、寺田路恵さんや江守徹さん、高橋悦史さんらが出演をしていました。その内容が本当に素晴らしく、観終わったら号泣し、席を立てなくなりました。

なんて言ったらいいのか、社会とうまく折り合いがつかなくても、人を幸せにできる。マイノリティと言われる人でも、神経の細い人でも生きていけるんだっていう、その少数派の人たちに対する応援歌だと思ってね。私も生きていける、と思わせてくれました。

『ガラスの動物園』は、演劇クラブの先輩と2人で観たのですが、終演後「楽屋に行こう」と先輩が言い出しまして。おそるおそる長岡輝子さんの部屋を訪ねたら、長岡さんは快く入れてくれて、メイクを落としながら、いろいろな質問に答えてくれました。

そのときにね、聞いたんです。大学に行こうと思っているんだけど、演劇がやりたくて、どうしたらいいですか、って。そしたら長岡さん、役者は大学に行く必要はない。すぐ東京に出たほうがいい。山形の人は方言があるから、方言を直すために、俳優の養成所に入ったほうがいい。「大学は無駄だから行くな」って。その一言で受験をやめ、上京して養成所に入りました。

それから10年ほど経ち、長岡さんとは、28歳のときにドラマ「おしん」で再会をすることになりました。そのとき、長岡さんに言ったんです。「ひどいじゃないですか、あなたは2つも大学に行っていて、どうして私には無駄だなんて言ったんですか」って。そしたら「経験したからよ」、案外私もいいこと言うじゃない」ですって。それから意気投合し、私の「劇団3〇〇《さんじゅうまる》」の作品を、亡くなるまで観にきてくれました。

沢田研二さんの座右の銘「逆もまた真なり」という言葉も助けになりました。自分が言っていることだけが正論だと思うのは間違いだという、その言葉に励まされ、戯曲を書き上げたこともあります。

強烈だったのは、美輪明宏さんに「暗いブスは漬物石にもならない」って言われたことですね。今の時代、ブスという表現はダメですけど（笑）、つまり、明るく生きろと。とにかく笑顔で、明るくやっていきなさいという意味で、言われて以来、笑うようにしてきました。

悩みは多いし、若い頃はお金を送ってほしいなんて情けないことを親に頼んだりもして。それでも全然、報われない。報われないけど、戯曲を書いては世に出し、演じ、また書き……。それを何十年も続けていたら、暗い顔にもなるわけです。でも笑おう。笑うようにしよう。美輪さんの言葉は、今も私のお守り代わりです。

渡辺えり

自分のためだけには踏ん張れない。
みんな、自分以外の人のために
頑張っているんだと思います。
私は、作品を求めてくれる人、
孤独な人のために、
この仕事を続けている。
それが「生きる」ってことだから。

生きる糧 後編

私を支えてくれているものには、人生の先輩たちから受け取った言葉のほかに、示してくれた態度やその記憶があります。

10年ほど前に、親友をがんで亡くしました。演劇が好きな照明家で、なんでも相談できる、とても大切な人でした。その人がいなくなってしまったことが、本当に辛くて悲しくて。折に触れて、彼女のしぐさや行動を思い出すんです。生きていた頃の「映像」が頭に浮かぶ。それが今の私の支えになっています。

葬儀の際、少しだけいただいた親友のお骨を、ポーランドで買ったきれいな器に入れてまつり、毎朝、お祈りをしています。彼女の写真と一緒に、親しかった十八代目・中村勘三郎さん、亡くなった犬猫たち、あと、生きているんだけど、大好きな沢田研二さんの写真も置いて、舞台美術家の朝倉摂さんとか、お世話になった中村小山三《こさん》さんとか、大好きな人たちからいただいた物も置いて、その人たちとの記憶から生きる勇気をもらっています。

勘三郎さんも、演じることについてはいつも苦しみながら向き合っていました。でも、人と接するときは明るかった。それを思い出すんですね。苦労した人ほど、人には明るく接するものです。自分の笑顔でどれだけ相手が救われるかを知っているから、笑っていたんだと思います。そういう勘三郎さんの表情とか、相手を励ましていた「声」を思い出す。勘三郎さんは笑ってたな、と思うと、嫌な仕事もやりきれます。

やっぱり生きるってことは、毎日苦しいですからね。若い頃は特に、寝る間もなく働き、なんのために生きているのかわからなくなってしまう時期もありました。

今も、なんのために、と思うことはありますよ。60歳を過ぎたら、好きなことだけやろうと思っていたけど、そうもいかない。働かないと食べていけないこともあるし、歳をとると、お金にならない仕事も増えるんです。理事会の役員とかね。それは若い人たちのためにやらなきゃいけない。家を掃除する時間もないくらい忙しい。私の人生はなんだったんだって、そりゃあ考えますよ。

それでもなぜ、この仕事を続けてきたか。それは、私の作品を求めてくれる人がいるからです。そして、悩み多き時間を経ても踏ん張れるのは、私自身が孤独だからです。求めてくれる人の、孤独な人の、生きる糧になりたくて仕事を続けているんだと思います。

人の笑顔が見たいんです。その先に目指しているのはね、世界平和です。ロシアによるウクライナ侵攻が続いているけれど（取材は2022年2月末）、根っこにあるのは、大国が他国の利益をむさぼり、より大きくなりたいという意識じゃないですか。パレスチナとイスラエルの問題も、第一次、第二次世界大戦も、150年以上前の戊辰戦争ですら、欧米の武器商人が関係したからあそこまで人が死んだわけで、自国の利益のために他国を利用し、搾取するという構造は昔から変わらない。そして争いは、また多くの復讐の連鎖を生む。

その連鎖を食い止めたい。あらゆるアーティストがそう考えていると私は思うんです。負の連鎖を止めたいという思いで、映画を撮り、絵を描いている。私もそうです。だって人間がいなければ、あらゆる芸術は成り立たない。その人間を殺す戦争なんて、まったく許せないわけで、人を生かすことができる人がアーティストですから。根本的な原動力はそこにあると思います。

自分のためだけには踏ん張れないですよ、人は。みんな、自分以外の人のために、頑張っているんだと思います。それが「生きる」ってことだから。自分のためだけに何かを作っても、楽しくないし、意味がない。

今取り組んでいる仕事に、シベリアに抑留された女性たちのことを書いた新作戯曲があります。それと、故郷・山形を舞台にした映画、「オフィス3◯◯」の公演……。それから、若い頃に両親から送られてきた手紙を抜粋し、本にまとめる予定です。

演劇のために生きていくと決め、18歳で山形から上京したのですが、ひとり暮らしをはじめた私のもとに、両親は毎日、ハガキや手紙を送ってきてくれました。それが段ボール3箱分、何千通とあるんです。

当時は本当に忙しかったから、パッと読んでパッとしまうことも多かったんですよね。でも、いつか時間ができたときに、もう一度読み直そうと思って、一通も捨てずにとっておいたんです。そして、60歳を過ぎてやっと読み返している。切ないですね。私への心配事からはじまり、芝居を観てくれるようになってからは、感想がびっちり書いてあって、読んでも読んでも、読み終わらない。父も母も文学が好きだったので、文章がまたうまいんです。教員時代の教え子の家に行く朝の光景が「ちちちち、とムクドリの声がする」なんて書き出しだったりして。そういうのを本に載せたいと思っています。

この歳になって初めて、親の気持ちがわかることもあります。一方で、すごく反発した手紙に対して、今も反発したりもします。「成人式には振袖で出るようなまともな人になってほしい」なんて書かれていると、大きなお世話だ！　みたいなことを思ったりして。人間って変わらないですね。それでも、一番強く感じるのは、両親の励ましのありがたさです。

演劇の道に進むことに対して、父も母も最初は大反対でした。私も「子どもはいないと思ってほしい」なんて言って出てきましたけど、手紙から2人の演劇に対する考えが変わっていく過程が見えて、面白い。観たら興味深かった、えり子はこういうことを考えていたのか、と。それで今、一番話をしたいときに、両親ともに認知症ですから。父も母も、もうしゃべれません。

今だったら、ゆっくり話せる時間が少しはあるのに。今だったらね、父を論破できるのに。そうできるときに、叶わない。こんなに悲しいことはないですよ。悲しくて切なくて、毎日泣いています。
両親はつつましく生活し、離れて暮らす私に、缶詰などの食べ物もしょっちゅう送ってきてくれました。そういうことをしてもらった記憶があるから、生きていられる。愛されたという記憶がね、生きる糧になるんです。

わたなべ・えり
1955年、山形県生まれ。劇作家、演出家、俳優。舞台芸術学院、劇団青俳演出部を経て、78年に「劇団3○○」を旗揚げし、小劇場ブームを牽引。岸田國士戯曲賞、紀伊國屋演劇賞ほか受賞多数。現在は「オフィス3○○」を主宰し、舞台、映像、音楽等の幅広い分野で、常に新しい表現を求め、多くの話題作を発表している。

前編
「暮しの手帖」第5世紀20号
2022年10-11月号
後編
「暮しの手帖」第5世紀21号
2022年12-2023年1月号

児童文学作家

角野栄子

心の腐葉土 前編

2カ月の船旅の間、
まったく退屈はしませんでした。
目の前にはいつも水平線があり、
何かが近づいてくるたびに、
まだ見ぬ世界を想像した。
24歳のあの旅のことは、
絶対に忘れません。

旅をすることと物語を読むことって、似ていますよね。ドアを開けて、まだ見ぬ場所に出かけていって、ドキドキしたりワクワクしたり。一歩旅に出れば、何があるかわからない。物語もページをめくるたびに、何が起こるかわからない。そこが面白いところですよね。

旅が好きで、国内外、これまでいろいろな場所を訪れてきました。どこに行くのも、わりと気楽に考えてしまうのですが、それは最初に、地球の反対側まで行ってしまった経験が大きいかもしれません。

結婚して翌年、24歳のとき、夫と2人ブラジルへと旅立ちました。

1959年ですから、昭和にすると34年。終戦から14年経っていましたが、東京の中心部にもまだバラックのような木造家屋が立ち並び、「外国」についての情報はラジオで聴いたり、映画で見たりするくらい。今からは想像もつかないくらい、外国は遠かった。でもね、その頃の若い人は、全員が全員とは言わないけれど、「外国に行ってみたい」という気持ちを強烈に持っていたと思います。それは、若者にとっての「希望」みたいなもので、これから新しい何かがはじまるのだ、自分たちの暮らしを一からつくるのだ、というエネルギーがはじけるほどあった。私もそんな「若者」のひとりでした。

結婚した相手はデザイナーで、そもそものきっかけは、彼が「ブラジルで建設中の新しい首都、ブラジリアを見たい」と言い出したことにありました。ブラジリアの主要な建造物を建築家のオスカー・ニーマイヤーが手がけていることも彼は知っていて、それをつくっているところに行けるのだったら、行ってみよう！　と。

行ってどうなるとか、まったく思わなかったのよね。まだ為替も自由化されておらず、個人が気軽に渡航するなんてできない時代。ブラジルに住んだことのある美容師さんが知り合いにいて、その方にいろいろと教えていただき、移民というかたちで行くことになりました。

乗るのは移民船、オランダのチチャレンガ号。横浜港からブラジルのサントス港まで、2カ月の船旅でした。

旅支度もそんなにしなかったわね。持ち込める荷物の重さが限られていたので、必要な衣類を柳行李に入れてロープで縛り、本は新潮社から出たばかりだった『サマセット・モーム全集』だけ持って行きました。

東シナ海とインド洋を経て、大西洋を横断する西回りの航路。途中、積み荷の揚げ降ろしで各地に寄港するのですが、停泊中は町に遊びに行くこともできました。見るもの全てが新鮮でしたし、食べものも驚きの連続。シンガポールではドリアンを初めて食べました。マンゴーとかライチとか、初めて食べるもの、いっぱいありましたけど、とにかくドリアンが美味しかった。果物の王様って言われるくらいですから。

シンガポールを出ると、鳥がいっぱいついてきてね。船から残飯が出るでしょ。あの時代は残飯を海に捨ててたから、それを食べるために、何日も船の後をついてくる。でも、ある日突然いなくなっちゃうの。なんだか心配で、寂しくもなって聞けば、鳥たちは次の船を見つけるのだそうです。今度はシンガポールに向かう船を見つけて、食べながら港に戻る。そう聞いて安心しました。

インド洋のモーリシャスは、今や一大観光地として知られていますが、当時は見渡す限りサトウキビ畑の、素朴な島でした。英国領の前はフランス領で、その頃の名残で漁師さんがベレー帽をかぶっていました。

モーリシャスには、かつてドードー鳥が棲んでいたんです。飛べなかったから捕まえやすく、食用に乱獲され、17世紀に絶滅してしまいました。島内の博物館に剥製が残っていて、これがあの『不思議の国のアリス』に出てくるドードー鳥かと、興味津々で見上げたのを覚えています。そのことがずっと心に残っていて、『ズボン船長さんの話』では、ドードー鳥がまだ生きているという物語を書きました。

アフリカ大陸で寄港した中でも印象的だったのは、ケープタウンです。アパルトヘイト（人種隔離政策）がすさまじく、これはいったい何なのだ、と。黒人と白人とでは、公園のベンチからお手洗いの入り口から全部分けられていて、バスも一緒に乗れない。黒人でも白人でもない私たちはどちらなのかしら？　こんなのおかしい、って思いますよね。

ケープタウンには有名なテーブルマウンテンという山もあって、風が吹くと止まっちゃうようなロープウエーで登ってみたら、頂上は思ったほどは平らじゃなかった。テーブルにはならないわね。

そしてブラジルはサントス港に着き、陸路でサンパウロへ。長かったけれど、2カ月の船旅の間、まったく退屈はしませんでした。海の風景は毎日変わるし、月明かりの夜の海もまた美しくてね。雨は憂鬱だけれど、晴れれば遠くまで見えて、目の前にはいつも水平線がありました。その水平線から、ちょっと何かが出てくると、何だろう、何だろうとドキドキする。船だったり島だったりが近づいてくるたびに、まだ見ぬ世界を想像し、飽きることはありませんでした。

いろんなことがありましたよ。寄港するたびに、いろいろな国の人が乗ってきて、その人たちと毎晩、とりとめのない話をしました。外国の人と話をする機会なんてなかったから、英語がちゃんと通じなくても嬉しくて。若い人が多く、船の中でかくれんぼして遊ぶこともありました。24歳でも、船の中でやると面白いのよ（笑）。皆さんどうしていらっしゃるかしら。

あの船の旅のことを書いておけば、何かの役に立ったのかもしれないけれど、当時はなぜか、書く気にはなりませんでした。カメラは持ってましたが、フィルムが高かったからやたらには撮れないし、記録はあまりないの。
だけどね、記録がないってことは、ずっと覚えているのね。あの旅のことは、絶対に忘れない。一つひとつ細かくは覚えてなくても、あの旅の全てが私の中に、あることはあるの。心の中で腐葉土みたいになって、そこから芽が出てきたりして。その芽がやがて物語になり、また新たな旅に私を誘い続けてきたのだと思います。

角野栄子
心の腐葉土

南十字星 後編

角野栄子

ドアを開けて一歩を踏み出し、
その先に何か、今までと違うものが
見たいという気持ち。
やっぱり自分の足で
出かけて行って見ないと、
本当に「見た」ことには
ならないんじゃないかしら。

2カ月の船旅を経て、ブラジルはサンパウロに着いたのは1959年の7月のこと。海の上では三食昼寝付きだったのに、陸《おか》に上がったら家なし娘みたいになってしまって。大変だったのは、着いてからでした。

最初の1週間は下宿屋さんにいて、そこで教えてもらった安い賃貸アパートに住むことにしたのですが、暮らしはじめようにも、ベッドがない。買わなきゃならないけど、お金もない。幸運なことに、譲ってくださるという方がいて、夫と2人、街の反対側まで取りに行きました。

帰りは、目抜き通りを2人でベッド担いで戻ったんだから、よくやったわよね。当座で必要な机と椅子も譲ってもらいました。ブラジルに永住するつもりはなく、何年か滞在してお金が貯まったら、ヨーロッパを回って日本に帰りたいと思っていたので、家具はその後もあまり買いませんでした。

夫はデザイン事務所を開き、私は日系の短波放送の会社で営業の仕事をしながら、何もかもが手探りの日々。2年経ち、ギリギリ野宿はしないで帰れるくらいのお金が貯まったので、今度は帰りの旅支度です。売れるものは売り、あげられるものは全部あげて、トランク2つに入るだけの荷物をまとめ、また船に乗りました。

出航はブラジル第二の都市、リオ・デ・ジャネイロから。大西洋を横断する客船で、まずはポルトガルのリスボンまで2週間。乗客はアルゼンチンの人が多かったと思います。リスボンからは汽車で、スペインを経てフランスへ。夜行でパリに着いたときのことは、今でもはっきりと覚えています。街に出たら、エッフェル塔がバーンと光っていて、ああ、本物だ！　と思ってね。

パリに留学していた知人のつてでオンボロのルノーを安値で買い、そこからは車で9000キロにもおよぶヨーロッパの旅。イギリス、ベルギー、ドイツと各地をめぐりました。第二次世界大戦の傷跡もまだ残っていて、特にドイツは敗戦国だから、崩れた教会がそのままになっている町もありました。

北はデンマークのコペンハーゲンまで上り、オーストリアやスイスなどあちこち寄ってイタリアのローマへ。ローマからは空路でアメリカのニューヨークまで足を延ばし、アンカレジ経由のフライトで帰国。帰りも2カ月の旅。1961年、私は26歳になっていました。

ビートルズのレコードデビューが62年だから、私がヨーロッパに立ち寄った61年はつまり、ビートルズ前夜。ロンドンにもまだ伝統的な雰囲気が色濃く漂っていました。銀行街に行くと、男の人は丸い帽子をかぶっていて、黒い上着に縦じまのズボン、ネクタイを締めて、細く巻いた傘を持って。上流階級らしき、羽根飾りのある帽子をかぶったきれいなおばあさんもたくさん見かけました。

それから7、8年後にまたロンドンを訪れる機会があったのですが、それはそれは驚くほど変わっていました。そのときはどうしてそんなに変わったのか、わからなかったけれど、考えてみたら、やっぱりビートルズよ。服装だけではなく、人々の気持ちがね、ビートルズの登場を境に、ガラリと変わったと思います。イギリスのような階級社会で、決して裕福な家の出身ではない彼らが世界中を夢中にさせる音楽を作ったこと。それは若い人たちにとって、どんでん返しみたいな晴れ晴れしい気分になる出来事だったんじゃないかしら。日本だって彼らの影響で変わりましたから。その変化を肌で感じたことは、とても貴重な体験だったと思います。

帰国の旅の途中、ヨーロッパでもアメリカでも、建築はいろいろと熱心に見ました。夫が見たい建物をたくさん調べていて、それで私も建築やデザインに関心を持つようになりました。私が館長を務める「魔法の文学館」の設計者、隈研吾さんとお話しする機会が多いのですが、隈さんにも「よく建築を見ていますね」と言われます。

そういえば、念願のブラジリア。ブラジルに住みはじめてから、見に行きましたよ。建築家、オスカー・ニーマイヤーと都市計画家のルシオ・コスタ、そして当時の大統領クビチェックの3人がブラジル高原に描いた奇跡の都市。テラ・ロッサと呼ばれる鉄分を含んだ赤土の、道すらなかった荒野に首都を作るなんて。「ブラジリア大聖堂」もほとんど完成していて、コンクリートの外観が有名ですが、中に入ると、木彫のキリスト像が天井から下がっていたの。あの建築は本当に素晴らしいと思いました。

遷都したばかりで住民は少なく、私たちはブラジリア建設の労働者が住む「自由都市」と呼ばれるエリアに泊まりました。掘っ立て小屋がごちゃごちゃと並んでいる自由都市は活気があって面白くて、宿泊所なんてバラック同然。天井の板に隙間があいているの。その隙間から、夜、南十字星が見えました。よかったわよ。すごく。いろんな人がいて、怖いなんてひとつも思わなかったけれど、きっと怖い人もいたんでしょうね（笑）。

ブラジリアは、20年後に娘と再び訪ね、そのあと泊まったのは北東部の港湾都市、サルバドール。ニーマイヤーの初期の教会作品「サン・フランシスコ礼拝堂」にも立ち寄りました。そちらはタイル装飾が見事でした。

振り返ると、本当にいろいろなところで、いろいろなものを見てきたと思います。その原動力はひとえに、好奇心です。ドアを開けて一歩を踏み出し、その先に何か、今までと違うものが見たいという気持ち。今の人はインターネットで全部見た気になってしまうけれど、やっぱり自分の足で出かけて行って見ないと、本当に「見た」ことにはならないんじゃないかしら。本だって、自分でページをめくって読まなくちゃ、読書じゃない。

本といえば、私ね、子どもたちがみんな「自分の本棚」を持てたらすてきだなと思っているんです。小さな本棚でいいから、「ここに本当に好きな本を入れていってね」

って空の本棚をプレゼントするのはどうでしょう。読んだ本はその子の中に入って、自己表現の言葉に変わっていく。本を読むことは、からだの中に辞書を貯めるみたいなもので、貯まった言葉を足がかりに、自由な考え方や行動ができる人になってほしい。まだ見ぬ世界への好奇心を、そのまま眠らせておくなんて、つまらない。

かどの・えいこ
1935年、東京都生まれ。児童文学作家。70年、『ルイジンニョ少年 ブラジルをたずねて』でデビュー。『ズボン船長さんの話』ほか著書多数。『魔女の宅急便』は世界各国で翻訳され、アニメ・舞台・実写映画化もされた。2018年、国際アンデルセン賞作家賞受賞。23年、江戸川区角野栄子児童文学館（魔法の文学館）開館。館長を務める。

前編
「暮しの手帖」第5世紀22号
2023年2-3月号
後編
「暮しの手帖」第5世紀23号
2023年4-5月号

田嶋陽子

英文学者、女性学研究者

2000万人 前編

何がおかしいのか、
なぜ嫌なのか。
わかるって大事です。
理解できれば行動できる。
闇雲に苦しまなくてすむ。
一番苦しいのは、なぜなのかが
わからないときなんじゃないでしょうか。

ここ数年「田嶋陽子の再ブーム」なんて言われて、取材を受けることが随分と増えました。聞けば、40代あたりの人たちにとって私は「元祖フェミニスト」だっていうじゃない。若い頃にテレビで見た、そのとき耳にした言葉が役に立った、女性の地位向上や働く環境の改善に影響したと言われると、それはとても嬉しいですね。

私がどのようにして田嶋流フェミニズムに至り、女性学の研究を積み上げてきたかについては、これまでの著書にも書いてきたので、ぜひ読んでいただくとして、今、改めてみなさんに知っていていただきたいのは、90年代、なぜ私は嫌々ながらもテレビに出続けたか、ということです。

70年代、私は英国小説研究者として法政大学で教鞭を執り、80年代半ばにはNHK「英語会話Ⅱ」の講師もしていました。バラエティ番組「笑っていいとも！」から声がかかったのは1990年、49歳のとき。その頃、地方の花嫁不足解消を目的にした「花婿学校」なるものが開校、そこで講師を頼まれました。校長は評論家の樋口恵子さん。けっこう評判で、毎回、私の講義録が新聞に載り、それを見たテレビ局の人が連絡をくれました。

私、「笑っていいとも！」は見たことありませんでした。バラエティを見る習慣がなかったし、そもそもテレビを持ってなかった。だから話がきたとき、近所のお宅に番組を見せてもらいに行きました。そのときたまたま男性の政治家が出ていてふつうに話していたし、年格好も私くらいだったから、ちゃんとした番組なんだろう、と思ったら、とんでもない！

コーナー名は「タモリ花婿アカデミー」。テレビ出演は女性解放のためだと思って引き受けていたから、私は真正面からぶつかっていったんですね。そしたら、私が言うことをことごとくほかの出演者たちが邪魔するの。それはお笑いでいうところの「ツッコミ」だったのかもしれないけど、そんなの知らないから、伝えたかったこと、全部台無しにされたと思ってカンカンに怒り、最後は水差し持って、いつ誰に水ぶっかけようかと構えていたくらいです。

もうこんな番組二度と出るかって怒って帰ったら、テレビ局の人はさすがですね、「来週は言いたいことを最後まで言っていただくようにします」って電話がきました。2回目は黒板も用意されていて、よしよし、と思ってとうとうとしゃべりました。終わったら、テレビ局の人が「先生、お客さんが引いちゃいました」だって。

そこからが始まりです。こっちだって意地があります。せっかく一生懸命話したのに、「引いちゃった」って、それはない！　みんな静かに聞いてくれたんですよ。だけど、バラエティだから笑いがないとダメなんでしょう。「今度は引かれないように工夫しましょう」なんてまた上手いこと言われ、それじゃ頑張るわね、みたいになって3回目。騙される、また騙される（笑）。結局、10回は出ました。そしたら次は

「ビートたけしのTVタックル」から声がかかり、あれよあれよという間に話が進み……。

テレビ出演は毎回クタクタ。いじめられては胃が痛くなり、おかゆ食べて軽井沢にこもって寝てました。でも驚くほど反響がありました。電車の中でスッと寄ってきて、涙を流しながら「よく言ってくださいました」って言う女性もいた。「次は何言うの？」って街で話しかけてくれる若い女の子たちもいた。

あるとき、夏休みの長野行き列車の車両のドアを開けたら、目の前に中学生くらいの男の子が4人で腰かけてたんです。その中の一人が私の顔見た途端、仲間に「足閉じろ」って言ったの。直前に私、テレビで怒ったんです。「男は大股かっぴらいて威張って座るのに、女には縮こまって座らせて。男だって足閉じろ、何様だと思ってんだ」って。若い子は敏感ね。その頃10代、20代だった人、30年経つともう40代、50代ですけど、今もって、街で声をかけてくれる人がいます。先日も50代と思われる男性が「勉強になりました。生き方の参考にさせてもらっています」なんて言ってくれて、びっくりしちゃいます。

でも、基本的には風当たりは強いなんてもんじゃなかったですよ。女も働いて自立しろなんて、余計なこと言うなって。男からも女からも随分嫌われました。いわゆるフェミニストたちも離れていきました。女性学の仲間で残ったのは、法政大学の教授をされていた駒尺喜美《こましゃくきみ》さんと、その周りの方たちだけでした。駒尺さんは、テレビ出演が辛くて落ち込んでいた私にこう言ってくれました。

「一度に全部言おうとするから辛い。大事なことを一回に一つ。その代わり100回出たらいい」

その言葉は、とても助けになりました。当時、テレビの視聴率は、私が出ると20%以上取れたんです。その頃は視聴率1%で100万人。20%って2000万人が見てるってことですよね。そんな機会は貴重だし、何も言わないよりは言ったほうがいい。だから私は、それこそ、踏みつけられても仕方ないという思いで、それ以降も頑張って100回どころか何百回も出続けました。

事務所には日々、さまざまな罵詈雑言の手紙やファクスが送られてきました。最初はいちいち見てたんだけど、その言葉にはもう、反論のしようがありません。立ってる位置が違うから、見えているものが違う。伝統的な男女の価値観にもとづいて、罵詈雑言を意見として送ってくるんだから。まともに受け止めていたら生きていけなくなると思い、途中から一切、見ませんでした。

さんざん「女らしくない」とか「女の恥」だとか批判もされましたが、私はすでに数冊の本を書いて自己セラピーをすませ、「女らしさ」の呪縛から解放されていたので、そういう批判には動じませんでした。

世の中はなぜ、女を二級市民にして隅に追いやるのか。「女らしさ」を強要されることの何がおかしいのか、嫌なのか。本を書くことで、自分を苦しめてきたものの大本がわかり、そこから脱するにはどうならなきゃいけないのかもわかっていました。わかるって大事です。人は理解できると闇雲に苦しまなくてすむからです。一番苦しいのは、「なぜなのか」がわからないときなんじゃないでしょうか。

　私より前の世代の女性たちは、女であることの抑圧に苦しみながらも、どう行動すればいいか、行動すべきか、迷っていた人も多かったと思います。迷いの一因には情報不足もあった。だから、あの頃、私が発信した言葉や情報が、後に続く女性たちの迷いを消し去る一助になったのなら、頑張った甲斐、あったかなって。

田嶋陽子

私、真面目なの。
何をやるにしても、ただ真面目。
自分を表現する手段があるなら、
その手段を使って自分を見てみたい。
自分の中に何があるのか。
どこまでやれるのか。
私は私を、楽しんでみたい。

あと少し 後編

私ね、歌ってるんです。CD出したり、ソロコンサート開いたりして。65歳からなのでかれこれもう18年ほどになります。原点は静岡県沼津市で暮らしていた中学生時代。合唱団に入っていて、県大会まで行ったんだけど、歌うときに体を動かしすぎるという指摘を審査員から受け、ショックで歌うことをやめてしまいました。

再び歌い始めたのは、ちょっとした冗談を真に受けたことがきっかけです。40代から長野県の軽井沢に住んでいるのですが、64歳のとき、町おこしのために何かやってほしいと商工会の酒屋さんに頼まれ、「じゃあ、歌でもやりますか」って冗談で言ったら、そうしましょう、ってことに。今、軽井沢は国内外のお客さんで賑わっているけど、その頃は町を盛り上げるために何かしなければという状況でした。それで軽井沢のためならって、意気に感じちゃったわけです。

友人に紹介されたのがたまたまシャンソンの先生で、早速練習に通い始めました。ところが3カ月くらい経った頃、あの話はどうなりましたかって酒屋さんに聞いたら、「なかったことにしてください」ですって。せっかく習い始めたのに、それはもったいないから、じゃあ自分でやるわって、決心しました。そこからさらに半年間練習し、軽井沢のホテル「音羽ノ森」でワンマンショーを開催しました。

お客さんいっぱい来てくれたのはいいけれど、やっぱり、半年かそこいらじゃ、まともに歌えません。歌詞が飛んで楽屋に引っ込んではまた出直して。結局みんなで笑って、笑われて、終わりました。

もうこんなことゼッタイにやらないって思ってたら、「あれでいいから続けてくれ」って言う人たちがいて。そうか、それならもっと一生懸命やんなきゃとお稽古を続け、その後、「万平ホテル」や「軽井沢大賀ホール」でも歌いました。今は日本橋の「三越劇場」で年に1度ワンマンショーをやり、四谷のライブハウス「蟻ん子」で毎月1度歌ってます。

あと、70歳から「書アート」を始めました。これはこれで、頑張ってます。今年で個展は9回目。新美展の内閣総理大臣賞はじめ2回ほど大きな賞をもらいました。私、真面目なの。何をやるにしても、ただ真面目。

書アートは、絵と書を合体させたようなもので、絵のほうも原点は中学生時代。沼津市で金賞をもらったりして、描くのは楽しいと思ってました。でも書道はダメでした。始めたきっかけは、たまたま出会った先生たちの影響なんだけど、書アートは、「書道の達人」にならなくてもいいというのが気に入りました。もし「書」を追求するのに、一という字を1000回書くような修業を20年続けねばならないとしたら、私、70歳から始めたんだから、90歳になっちゃうじゃない。もう生きているかどうかわからないし。でも書アートは、一を1000回書かなくていい。あらゆる方法を使って、自分がイメージするままに書けばいい。7回目の個展では、ろうけつ染めを用いて泳いでいる魚みたいな「一」を書いて賞をもらいました。

歌にしろ書アートにしろ、一生懸命やっていても思うようにできなくて、嫌になる。でも、自分を表現する手段があるなら、その手段を使って自分を見てみたい。自分の中に何があるのか。どこまでやれるのか。私は私をとことん楽しんでみたい。

働き盛りの人たちは、仕事で自己実現するといい。今取り組んでいることを、精一杯やってみたらいい。そのうち冒険をしてみたくなったら、何か新しいことを始めてみるといい。何かとんでもない自分が出てきたりしたら楽しいじゃない。

私は女性学の研究者になろうとしてなったわけではないんです。フェミニズムは、私が生きていくために、自分を解放するために必要な道のりだったのです。もし女性であるがゆえの抑圧を受けず、最初から「本当に自分がしたいこと」に邁進できていれば、今とは違う世界を作れていたかもしれません。二級市民扱いされる「女」から抜け出て、自分を取り戻す、そのことに多大な時間とエネルギーを使ってしまったのは残念だけど、それはもう仕方がない。

それにしても、私が盛んに女性解放をテレビで訴えていた90年代から見ると、世の中、変わりました。昨今の女性の活躍、素晴らしいですね。例えば、新聞の署名記事なんか見てると、ライターの半分はもう女性ですよ。特に象徴的だと思っているのが、芥川賞と直木賞。平成以降の女性受賞者の割合が、芥川賞は約42%、直木賞は約37%

になりました。

肝心の政治や経済の分野では男性中心の旧態依然とした枠組みのせいで働きづらいことも多いだろうし、女性は組織に入ると踏みつけられちゃうけど、個人の活躍を見れば、いかに女性に能力があるかわかる。生かさないと社会の損失になる。出産前後の会社の待遇の悪さやセクハラ、給料が男性の75％程度など、過渡期の課題はまだたくさんあります。そんな中でも女性たちが実力を発揮しだしている。これはみんなが認めるところだと思います。見事ですよ。これだけ頑張ってるんだから、法律も変えて、あともう少し、もう一歩、良くしなければ。

その「もう一歩」をなんとかするには、やっぱり女性の政治家の数を増やす。国会議事堂の中の女性議員の割合を30％以上にする。そういう制度、つまりクォータ制を導入するべきです。

女性議員を増やすと何が変わるかって、質が変わります。女性っていったっていろいろで、男社会の価値観を丸のみにしただけの人もいる。でも30％以上になれば、おのずと新しい価値観をもった人も入ってくる。そういう人たちの影響で政策が変わり女性たちが自分らしく働けるようになる。それはクォータ制を導入した国々を見れば明らかです。女性が十分に働いて、税金を払って、政治に口を出して、女性が主体的に国を変えていく。そういう国になるといいかな……と。

国民の半分を占める女性たちが十二分に、人間らしく働けない国には未来がない。少子化が進み、あらゆることが疲弊していく。日本にはすでにその兆候が見えています。一刻も早く対応しなければ、日本はだめになってしまいます。

前編
「暮しの手帖」第5世紀24号
2023年6-7月号
後編
「暮しの手帖」第5世紀25号
2023年8-9月号

たじま・ようこ
1941年、岡山県生まれ。英文学者、女性学研究者。元法政大学教授、元参議院議員。90年より女性学研究の第一人者としてマスコミで活躍。韓国・中国で出版された『愛という名の支配』のほか、『わたしリセット』『新版 ヒロインは、なぜ殺されるのか』、共著『田嶋先生に人生救われた私がフェミニズムを語っていいですか!?』など著書多数。

倍賞千恵子

女優、歌手

負けじ魂 前編

できないことは、いっぱいあります。
でも、できないことをやるのが面白い。
思い返せば、負けん気は
幼少期からあったのかもしれません。
戦時中、疎開先で
いじめられたときも、
負けてなるものか、って思ってました。

私の人生を支え、変えてきたものは「出会い」だと思っています。作品で演じる役との出会いも含め、人との出会いから、いろいろなことを学んだり感じたり、発見したり。出会いが「私」というひとりの人間を育ててくれました。

小さい頃から童謡歌手をしていて、中学校の終わりくらいに松竹音楽舞踊学校に入り、18歳で松竹歌劇団に入団しました。以来、歌うことと演じること、どちらも続けてきたのですが、最初に私を認めてくれたのは、1962年のファーストシングル「下町の太陽」でお世話になった、キングレコードの長田《おさだ》暁二《ぎょうじ》さんです。

「下町の太陽」は映画にもなりましたが、歌が先なんです。長田さんが「この歌はいい」と宣伝にあちこち回ってくださり、それがなかったら歌はヒットしなかったし、今に至るまで歌い続けることもなかったと思います。

23歳のときにリリースした、「さよならはダンスの後に」のプロデューサーも長田さん。最初はうまく歌えず、何回もダメ出しをされました。「色っぽくない」と。色っぽいっていうのは、下着みたいなドレス着て甘ったるい声を出せばいいってもんじゃない、ということを何度も言われ、どう歌えばいいのか、本当に難しかった……。でも、そのダメ出しをされるという経験がとても勉強になりました。諦めずに何度も取り組めば、わからないなりに「何か」を摑むことができる。少しずつでも良くなっていける。歌の表現だけではなく、そういう「負けじ魂」みたいなものを、長田さんから習った気がします。

演じることでいえば、松竹にいた渋谷《しぶや》実監督との出会いも大きかった。映画の世界に入って間もない頃に出演した『酔っぱらい天国』の監督で、ものすごく厳しいかたでした。忘れられないのは、主演の笠智衆《りゅうちしゅう》さんとのシーンで、何十回とやり直しをさせられたこと。それでも、もうできません、と投げ出さなかったのは、自分が「できない」ということが、嫌だったんだと思います。

今も、できないことはいっぱいあります。最近はできないことをやるのが面白いと思ってますけどね。監督に100のことを求められれば、100返そうとがんばるし、気持ちとしてはそれ以上、120、130の表現をしたい。

思い返せば、負けん気は、幼少期からあったのかもしれません。私ね、戦時中、母の郷里である茨城に疎開したのですが、疎開先でいじめられたんです。髪がみんなより赤かったの。それで、アメリカ人って言われて仲間はずれにされたりして。でも、負けてなるものかって思ってました。松竹音楽舞踊学校に入ったのも、負けん気。入学試験を受けると決めたのは両親で、私は都立高校に行きたくて勉強してたのに、試験会場に行ったら同年代の子がたくさんいて、この子たちには絶対に負けないぞって思ったら、受かっちゃいました。

面白いと思いますよ。結果として、歌と映画の世界に60年以上いるわけですが、特に俳優の仕事は、倍賞千恵子という自分の人生を生きながら、役として出会ったもうひとりの人生を、ある期間、生きるのだから。普通じゃないけど、面白いと思います。

一度だけ、しんどいな、と思ったのは、30代のなかばだったか。「男はつらいよ」への出演を長く続けるうち、どこに行っても「さくらさん、さくらさん」と、役名で声をかけられるようになり、少し休憩したいな、さくらさんから離れたいな、と感じたことがありました。

主役の寅さんを演じていた渥美清さんにそんな話をして、「くたびれちゃった」なんて言って。そしたら渥美さんが「お前な、役者が道を歩いてて役名で呼ばれるって、褒め言葉なんだよ」って。私はそれを嫌がっていたけれど、褒め言葉なんだという渥美さんの言葉にハッとし、そこから、「さくらさん」への向き合いかたの仕切り直しをしました。

渥美さんは東京の下町で生まれ育ち、戦争で焼け出されたり、小さい頃からいくつもの病を患い、結核で片肺を失ったり。それでもずっと仕事をしながら、いいことも悪いことも、まっすぐに受け止め続けた人でした。がんになってからは体がつらいことも多かったと思いますが、相手を思いやり、大事なことを見逃さない、人として一番素晴らしい在りかたを教えてくれました。

あるとき、渥美さんと私と、あるご家族とで食事をすることになり、そのご家族の父親が、障がいのあるお子さんに、席を外せと言ったんです。渥美さんに迷惑をかけちゃいけないと思っての言葉でしたが、渥美さんは「なぜそんなことを言うんだ、一緒でいいじゃないか」と、心底怒ったんです。相手の様子をきちんと見ていて、おかしいと思ったことは、その場できちんと言う。勇気もあるし、どんなときでも人を平等に見る、強さとやさしさが渥美さんにはありました。

「寅さん」の作りかたも美しかった。あんなに才能に溢れた人、いませんよ。フッと肩からジャケットを引っ掛け、カバン持って、雪駄履いて立ってる、その姿が本当にきれいで、今でも目に焼き付いています。

山田洋次監督との出会いも、私の人生の真ん中にあります。映画『下町の太陽』も、50年続いた「男はつらいよ」シリーズも、『家族』からはじまる〝民子三部作〟も、すべて山田監督です。

山田監督は、光の当たっている側に立つ人ではなく、その裏の、陰に立つ人を見つめ、人間としての悲しみや喜びを描く人です。華やかで特別なものではなく、日常の小さなことをいとおしみ、ひたむきに生きる人が、同じ社会にいる。そこに目を向け、幸せとは何か、地位や名誉やお金ではなく、人間として、友情や愛情を感じられる心を持つことがどれだけ大事か。そういう「人間を見る目」の大切さを、山田監督の映画に出演させていただくなかで、学びました。

私の幸運は出会いに恵まれたことだと、つくづく思います。出会いは学校。学校って、自分が自分らしく生きていくうえで必要な知識や能力を身につける場所でしょう? だから、映画のなかの役との出会いも、すべて私の学校。学びは今も続いています。

喜んで、忘れる 後編

倍賞千恵子

栄誉みたいなことはあまり抱えずに、
前に進んでいきたい。
いっぱい喜んで、早く忘れる。
それは私にとって、
とても大切な言葉になりました。
私ね、できるだけ
普通でいたいんです。

これまで出演した作品のなかで、初めて「役の人物になれた」と感じたのは、映画『家族』で演じた風見民子でした。『家族』は1970年上映、演じたのは20代後半で、72年の『故郷』、80年の『遥かなる山の呼び声』とあわせ、〝民子三部作〟と呼ばれています。

『遥かなる山の呼び声』のロケ地は、北海道・中標津《なかしべつ》。撮影で長く滞在するうち、こんなところで暮らしてみたいな、と思うようになりました。休暇で訪れることも増え、「姉妹会」という友人の会ができたりして。30年ほど前、作曲家の小六禮次郎《ころくれいじろう》さんと結婚したのを機に、念願叶って道東の別海町《べつかいちょう》に家を建てました。

北海道で最初にいいな、と思ったのは「土」でした。あとは、空気と空と風。東京にいると仕事ばかりで、どこを見ても壁って感じで、コンクリートとガラスと鉄ばかりが目につく。心も体も、ちょっと疲れていたのかもしれません。でも北海道に行くと、土があって、木があって、風が吹くと葉っぱの裏側が見える。これが好きで。地べたから地べたに大きな虹が架かっているのを見たときも、なんて美しいのだろう、と感動しました。

北海道との縁がより深くなったきっかけには、ウルトラライトプレーンとの出会いもあります。

小六さんと道東を訪ねていた冬のある日、たまたま、パッと空を見上げたら、小さなカトンボみたいな飛行機が飛んでいたんです。タイヤにスキー板をつけていて、空にスーッと上がっていく姿がきれいなの。小六さんが気になって地元の人に聞いたら、ウルトラライトプレーンですよ、と。小六さんは飛行機乗りになるのが夢だったそうで、その小さな飛行機を気に入り、講習に通って操縦の認定証まで取って。

ところが、通っていた飛行場が手放されることになり、飛べなくなるのは困るからと小六さんが借り受け、ときどき乗りにいったりしているうちに、家もね、その一角に建てよう、と。私の夢は、スキューバダイビングをすることで、目指すは海だったんだけど、いつの間にか空になっちゃった。人生、わからないものですね。

縁が縁を呼ぶようにして生まれた「姉妹会」の友人たちとの交流は、今も続いています。お楽しみは、みんなで費用を積み立て、年に何度か旅行へ行くこと。姉妹会の人たちといると、自分が「普通」でいられるのが、本当に嬉しい。私の生活は、普通じゃなかったから。童謡を歌っていた子どもの頃から、「寅さん」じゃないけど、カバン持って、あちこち行って。映画の世界に入ってからもずっと忙しく、きっと誰もが経験してきたであろう、ごく普通の楽しみも、私にとっては新鮮なことばかり。旅行に行くときは役割分担があり、分担はあみだくじで決めます。次回は、私がお昼の店を探しておく係です。

そういう「普通でいられる時間」を持てたからこそ、演じる仕事も続けてこられたのかもしれません。

2022年に公開された映画『PLAN75』は、久しぶりに、スタッフと一緒に「ひとつの山を登っているな」と感じられる、印象深い作品でした。75歳から自らの生死を選択できる社会を描いた作品で、そのセンセーショナルなテーマも含めてとても注目され、海外でも異例のロングランを記録。ブルーリボン賞の主演女優賞をはじめ、たくさんの賞をいただきました。

思ってもみない結果でした。俳優として、社会的なメッセージを大上段に構えて演じたつもりはないんです。役柄である角谷《かくたに》ミチの生き方が好きで、その角谷ミチというひとりの女性との出会いを大切にしたい、そんな思いが大きかったと思います。

個人的には、ちょうど生と死について考えていた時期でもありました。出演依頼をお受けする少し前だったか、友人とよく行くお蕎麦屋さんに、お寺のご住職が来ていて、ずっと聞いてみたかったこと、死ということは、どういうことなのかを聞いてみました。しばらく間があり、ご住職は「生きることですよ」とおっしゃった。死ぬまでをどう生きるか、死ということは、今を生きることだと言われ、思うところがありました。

2023年は、イタリアで開催されている世界最大級のアジア映画祭、ウディネ・ファーイースト映画祭で、生涯功労賞もいただきました。授賞式のために、イタリア・ウディネ市に出向き、会場に入ったら、あまりにもたくさんの人に歓迎されたので驚きました。あんなに華やかな経験はもうないでしょうね。バシャバシャと写真を撮られる音がして、拍手がなかなか鳴りやまなくて、こんなに熱心に、海外のかたが私を見ていてくれたということに、とても感動しました。嬉しかったし、身に余ることでもありました。

それでも、しばし喜んだら、栄誉みたいなことは忘れ、あまり抱えずに前に進んでいきたいと思っています。

映画『家族』のときも、たくさんの賞をいただきました。そのお祝いのパーティーでいただいたアルバムに、助監督さんが、こう書いてくれました。「今日は本当におめでとうございます。いっぱい喜んで、いっぱい楽しんで、それが落ち着いたら、賞をもらったことをなるべく早く忘れてください」って。

賞をいただいたことは、もちろん喜んでいいけれど、そこに溺れちゃダメだよって言われた気がしてね。いっぱい喜んで、早く忘れる。それは私にとって、とても大切な言葉になりました。だから今回も、ちゃんと喜んで、いただいたトロフィーもとりあえず自分の部屋に飾って、せっかくだから使えるものは使ってみようと、ネックレスかけてみたりして。もうしばらくしたら、しまいます。あとは普通にいきましょう、です。

私ね、できるだけ普通でいたいんです。目立つのも嫌で、端っこが好き。みなさんに顔を知られているから、人混みに入ったときは大変ですよねって言われるんだけど、小六さんに言わせると、私、消えるみたい。気配を消す術が身についている。若いときに追いかけまわされて怖い思いをした経験があるからでしょうね。

今はもう普通がいい。自分のままで、自然体で、見たいものを見て、感じたいことを素直に感じて、今を大事にしたい。だって、今を生きるしかないんですから。

前編
「暮しの手帖」第5世紀26号
2023年10-11月号
後編
「暮しの手帖」第5世紀27号
2023年12-2024年1月号

ばいしょう・ちえこ
1941年、東京都生まれ。女優、歌手。61年、『斑女』で映画デビュー。63年に『下町の太陽』に主演し、山田洋次監督作品に欠かせぬ国民的女優に。「男はつらいよ」シリーズ、『駅 STATION』など170以上の映画に出演。2022年主演作『PLAN75』でブルーリボン賞の主演女優賞受賞。歌手生活は60年を超え、日本各地で精力的にコンサートを行っている。

第3のタイプ 前編

元厚生労働事務次官

村木厚子

この人のやり方、あの人のやり方って
誰かの真似をしようとしても
真似られるものではないし、
うまくいかない。
じゃあ自分はどうするのか、
常に自身の在り方を問うて、
道を切り開いていけたらと思っていました。

2歳のときに母が病気で亡くなり、小学校に上がる頃まで、父と2人の父子家庭。そのあと優しい継母が来てくれたのですが、中学2年のときに父が失業し、高校からは奨学金とアルバイトで学費を賄いました。私立の中高一貫校で、私も頑張ったけれど、無事に卒業できたのは、教育熱心な父が無理をしてでも続けさせてくれたおかげです。大学も、地元の国立なら費用の面でもなんとかなると言ってもらい、高知大学へ。父にはとても感謝しています。その先は、自分で働いて食べていきたいと思い、国家公務員になることを選びました。

労働省（現・厚生労働省）に「キャリア」と呼ばれる幹部候補生として入ったのは、1978年のこと。以来、退官までの37年半の役所生活で幸せだったのは、女性の先輩たちからの応援が本当に温かく、多岐にわたって支えていただいたことです。

官僚の世界は外から見えにくいですよね。役人って感情のない冷たい生き物のようなイメージもあるし、省庁のなかで女性同士が支え合うなんて、想像もつかないかもしれません。でも、少なくとも私がいた当時の労働省は、女性の先輩たちが親切で、一生の支えになるような言葉もたくさんかけてくれました。

中央省庁の幹部候補生に、女性が採用されること自体が稀です。今はだいぶ増えましたが、私が入省した年の女性のキャリア採用は、全省庁でたったの5人。2％以下だったと思います。それもあってか、入省時には、全省庁の女性キャリアが自主的に集まり、新入職員歓迎会を開いてくれました。

日常的にも、出産するとか地方勤務になるとか、昇進して管理職になるなどの節目節目には必ず集まり、ご飯を食べさせてくれて。その席で、私の場合はこうだったわよ、地方に行ったらこんなことがあるわよ、女性が管理職になったら、こんなことに気を付けたほうがいいわよ、と、服装のことから炊事洗濯のサボり方まで、とてもリアルなアドバイスをしてくれました。それがなかったら、あれだけ女性が少ないなかで、やっていられなかったと思います。

自分がどのように仕事を全うし、官僚人生を歩んでいくのかを考えるきっかけをくれたのも、先輩からの言葉でした。なかでも忘れられないのは、20代の終わりに、2年上の女性の先輩から、「村木さん、どっちのタイプでいく？」と聞かれたときのことです。「松原亘子《のぶこ》タイプか、佐藤ギン子タイプか」と。

松原亘子さんは、女性で初めて、国家公務員のトップである事務次官になった方。超優秀でクールなバリバリのキャリアです。佐藤ギン子さんは、証券取引等監視委員会で女性初の委員長をされた方。経済界からの信頼絶大。見た目は優しげでフェミニンです。つまり、バリキャリタイプとフェミニンタイプ、どっちでいく？　と。

私からすれば、一方は、怖そうに見えて怖い人。もう一方は、優しそうに見えて怖い人（笑）。どちらも尊敬する憧れの存在です。自分が「どちらか」になるという想像がつかず、言葉に詰まっていたら、その先輩はニマニマしながら、「じゃあ、第3のタイプを作りなさい」と言いました。

どちらでもない、第3のタイプ。

それでいいんだあ、とホッとする思いと、自分のタイプを作るしかないのだ、とハッとするような、気付きの瞬間でした。この人のやり方、あの人のやり方って、誰かの真似をしようとしても真似られるものではないし、自分の気質や性格に合わないことをやってもうまくいかない。

昇進するたびに、この先どうやっていけばいいか、不安になりました。ああしなければならないんじゃないか、こういうリーダーにならなければいけないんじゃないかと悩むこともありました。超人的な「お手本」を見た途端、私には無理だ……と萎えてしまう。そのたびに思い出していたのが、この「第3のタイプ」という言葉です。私にとっては救いであり、じゃあ自分はどうするのか、と常に自身の在り方を問う、とても大切な旗印になりました。

そもそも、ロールモデル、つまりお手本が少ないんです。労働省には、結婚してお子さんのいる女性の先輩もいましたが、官僚の仕事と子育ての両立は、相当なハードワーク。同居する親や親族からの日常的なサポートなしで仕事を続けられたキャリア女性は、当時、まだいなかったと思います。

私は娘が2人いるのですが、夫も私も地方出身で親の助けが借りられず、長女の小児てんかんがわかってからは特に、仕事を続けられるか否か、危機的な場面が幾度もありました。そんな私が省庁での道を切り開くことができれば、後に続く後輩たちの希望になる――。先輩たちはそう言って励ましてくれました。その励ましがありがたく、自分が受けた応援や与えてもらったチャンス、受け取ったバトンを、次の世代に渡したい。そう思いました。

あるときふと思い立ち、女性キャリアのママたちに声をかけ、子育てについての詳しいアンケートをとったことがあります。子どもの預け先や利用してきたサービス、夫が手伝うようになる方法やストレスの発散法（笑）。省内で出産間近の人がいたら、そのアンケートのコピーをプレゼントする、いわば虎の巻、実例集。数年後に改訂版が出るなど、私の手を離れてからも、その慣習はしばらく続いていたと思います。

大きな組織であっても、内側にいいネットワークがあれば、働きやすい環境は作れるはずです。ネットワークの大切さは、自分の職業人生を通して、身をもって学んだこと。性差や障がいの有無といったそれぞれが抱える状況に左右されることなく、「みんなが能力を発揮できる社会にしたい」というのは、官僚としての自分の仕事のベースにずっとありました。

そして2008年、52歳のとき、私は雇用均等・児童家庭局の局長になりました。

局長としての仕事に意欲を燃やしていたのはもちろん、個人的には「地道にちゃんとやっていれば、ちゃんとチャンスがある」という姿を、後輩に見せることも目的のひとつでした。それからほどなく、翌年6月に、郵便不正事件が起こりました。

負けない方法 後編

村木厚子

どうしても勝てはしない状況で、
心に決めていたのは、
「負けない」こと。
考えてもしょうがないことで悩まない。
今できることだけを考える。
怒りに駆られても、
いいことはひとつもありません。

２００９年６月14日。私は身に覚えのない郵便不正事件で逮捕され、その日から１６４日間、大阪市都島区にある大阪拘置所に勾留されました。事件の顚末は、これまでさまざまなメディアで報じられてきたので、ご記憶の方もあるかと思います。

逮捕されたとき、はっきりしていたのは、検察は自分の無実を証明してはくれないということ。私が犯人だという既定路線でしか動かないこと。それでも、当初は検察と「戦う」のではなく、「わかりたい」という思いのほうが大きかったと思います。私が不正をしていないことは、私にはわかる。でも他で何が起きているかは、まったくわからない。どうやったら、今起きている事態の全貌がわかるのか、どうしたら真相にたどり着けるのかをすごく真面目に考えていました。

弁護士さんからのアドバイスで、その通りだなと思ったのは、取り調べって、検察官の土俵なんです。彼らはプロで、私はアマチュア。そのプロとアマチュアが二者だけで試合をする。裁判になれば、味方をしてくれるセコンドの弁護士も、公平に判定を下すレフェリーたる裁判官もいるけれど、その手前の取り調べは二者だけの戦いだから、アマチュアが勝つことはない。

最初に「勝つことはない」と言われたときは、ショックでした。でもそれが現実で、大事なのは「負けない」こと。してもいないことをしたと言ったり、虚偽の供述調書にサインしたりしないこと。最初に客観的な状況を教えてもらい、「負けない」ことに焦点を絞ってスタートできたのは、とても良かったと思います。

負けない方法として、自分なりに決めていたことは、なぜ逮捕されたんだろう、なぜ拘置所に入れられたんだろう、という「なぜ」はもう考えない。考えてもしょうがないことで悩むと、堂々巡りになってしまうから。そのうえで、今できることを考える。あのときの「できること」は何だったかといえば、健康維持！　ちゃんと食べて、ちゃんと寝て、生活のペースを崩さずに体調を整えること。次に裁判の準備です。今はそれしかできないというのは、自分のなかでわりとすらっと整理することができました。

怒りに駆られても、いいことはひとつもありません。怒りってエネルギーだから、必要な場面もあるとは思うのですが、もともと、喜怒哀楽のなかの「怒」が、私のなかでは一番少ない。

そりゃあ逮捕されたことに対して腹は立ちましたよ。ずっと地道に仕事をしてきて、雇用均等・児童家庭局の局長になった矢先、取り組みたい仕事もたくさんあるのに、なんてことしてくれるんだ、とは思いました。でも、我を忘れるような激しい怒りに駆られ、エネルギーを使い尽くすのは意味がないということも、あのとき、はっきりとわかっていました。

裁判に使える証拠が弁護士から送られてくるようになってからは、難関校に挑む受験生のようにコツコツと資料を読み込み、矛盾点を探し出して弁護士宛ての手紙に書いて戻す作業を、相当真面目にやっていました。今できることを全力でやるしかない、というのは、逮捕されるまでの、53年間の人生の、ありとあらゆる経験が生きたという実感があります。

特に、仕事と子育ての両立に奔走してきた経験が役に立ちました。今考えてもしょうがないことは、いったん横に置いておく。できることをリストアップして、手をつけられることからやっていく。そういった集中のコツが身についていたのは、皮肉でもなんでもなく、官僚業務と子育てにおける長年のハードワークのおかげです。

子どもが病気で熱を出したとき、今日の仕事が休めるか否か、休めないとしたら、子どもは誰に看てもらうのか。どのタイミングなら仕事を抜けられるのか。目の前の事態を収めるために、できることはいくつかあり、そのなかにも、今日できることと明日ならできること、諸条件が整ったらできること、といういくつかの段階がある。それらをきちんとリストアップして整理すると、今やるべきことが見えてくる。

見えてきさえすれば、まだ問題は何も解決していなくても、スッと落ち着く。落ち着いたら、なんとかなるという経験を繰り返してきたので、状況を整理し、できることからやっていくのは、精神的にもいい方法だったと思います。

そういう意味で、つくづく思うのは、逮捕されたのが、あの歳になってからで良かった。20代や30代で同じことが起きていたら、冷静には対応できなかったんじゃないかな。若かったらと思うとゾッとします。

経験でわかることって、本当にたくさんあって、つまずいたり苦労したりすることの大半は、自分のなかに敵がいるんですよね。自分で自分を追い詰めている。ああなんじゃないか、こうなんじゃないかという勝手な思い込みも、空回りを起こすだけです。恥ずかしくて顔を上げられないような失敗も、時が経つときれいさっぱり忘れるから大丈夫、とかね。過去にしんどい思いをしてわかったことや身についたことは、いつか必ず、何かの役に立つ日が来ます。

私が大事にしていることで、ぜひみなさんにお伝えしたいのは、「自分で自分をいじめない」。バレーボールの元日本代表である三屋裕子さんが話されていたことなのですが、彼女はある人に、ものすごく嫌なことを言われたそうです。それを寝ても覚めても思い出す。でも、ある日ふと気が付いた。嫌な相手が嫌なことを言ったのは1回だけなのに、それを何度も思い出し、何度も傷ついている。自分をいじめているのは自分だった、という話で、とても感動し、以来、私自身の経験も含め、後輩たちには、自分で自分をいじめるな、と伝えています。

自分をいじめるとパフォーマンスは下がるばかりで、もったいない。郵便不正事件のような経験は、二度としたくないし、誰にもあんな思いは味わってほしくありません。でも、あのときの一つひとつの嫌なことは反芻したりせず、私は私の仕事に、社会福祉や労働環境の整備といった長年取り組んできたライフワークに、これからも全力で向き合っていきたいと思っています。

むらき・あつこ
1955年、高知県生まれ。78年、労働省入省。2008年、雇用均等・児童家庭局局長就任。翌年、郵便不正事件の容疑で逮捕、勾留される。無罪判決後、13年に厚生労働事務次官に就任。15年に退官。退官後は困難な状況にある若年女性を支援する「若草プロジェクト」の代表呼びかけ人や、「全国居住支援法人協議会」会長を務める。

前編
「暮しの手帖」第5世紀28号
2024年2-3月号
後編
「暮しの手帖」第5世紀29号
2024年4-5月号

この本の元となっているのは、雑誌「暮しの手帖」での連載「あの時のわたし」です。連載開始は2015年2月のこと。前年の秋に、当時編集長だった松浦弥太郎さんから、インタビューの連載を始めませんか？　とお声がけいただいたのが始まりです。

お話をお聞きするのは、何かひとつのことを成し遂げた人生の先達、とりわけ、まだ女性の社会進出がめずらしかった時代から、各分野の第一線で活躍してきた女性たち。その歩みを支えた出来事や心に残る「あの時」のことをじっくりとお聞きし、できるだけ本人の言葉通りに聞き書きをする。その積み重ねは、貴重な記録になるのではないか――そう思いました。私自身、ちょうど息子が1歳になったばかりで、これからどうやって仕事を続けていくのか、いけるのかを模索していた矢先。目の前のことに右往左往するばかりではなく、少し先の「これから」のこと、自分らしい人生にとって、ほんとうに大切なことは何かを、インタビュイーの方々の経験や言葉から学びたいという気持ちが大きかったように思います。

連載は、前後編に分けての隔月掲載で、今回、2024年の4月までにご登場いただいた27名、すべての方々の記事を集録できることとなりました。10年近い年月の間に、ご逝去された方もいらっしゃいます。また、コロナ禍を含め、取材時と今とでは状況が異なることも多々あります。時は進み、時局は変わる。だからこそ、「今を懸命に」と託してくださった言葉の重みを、ひしひしと感じています。その時々の人生の現在地から過ぎた日々を振り返り、時には気力をふり絞るようにお話しくださったこと、それを一冊の本として残せることに、改めて感謝申し上げます。

戦前生まれの方々への取材では、戦争がどれほど大きな影を落としたかに触れられることも多く、彼女たちが生きてきた時代と今が地続きであることを、決して忘れないでいたいと思います。親や身のまわりの人から受け取った愛情が、生涯、その人を支えるのだということも、全編を通じて強く心に残ったことのひとつです。ブレないって強いな、諦めないって大事だな、など、心持ちで学びたいことはあまたありますが、共通していたのは、自分を真っ直ぐに受け止める勇気の大きさ、かもしれません。

誰にでも転機があり、忘れられない「あの時」があります。それは、この本を手にとってくださったみなさんにもあるし、この先にも、きっとある。27名の言葉が、そんなみなさんの「これから」を支える心の杖となることを願っています。

２０２４年10月　岡野 民

岡野 民 Okano Tami

1973年北海道生まれ。編集者、ライター。2000年よりフリーランス。「Casa BRUTUS」をはじめ、主に雑誌媒体で建築やデザイン、生活文化をテーマにした誌面作りと記事の執筆を行う。継続して取り組んでいる仕事に、08年から続く「BRUTUS」の特集・居住空間学、「暮しの手帖」での連載「あの時のわたし」など。インタビュー多数。写真家・永禮賢との共著に『The Tokyo Toilet』（2023年、TOTO出版）。

JASRAC出 2407239-401

謝辞
連載を共に続けてきた、暮しの手帖社の島崎奈央さんと佐々木朋子さん、書籍化に尽力してくださった新潮社の島崎恵さんほか、多くの方々に支えていただきました。心より感謝いたします。

あの時《とき》のわたし
自分《じぶん》らしい人生《じんせい》に、ほんとうに大切《たいせつ》なこと

発行 2024年11月15日
著者 岡野《おかの》 民《たみ》
発行者 佐藤隆信
発行所 株式会社新潮社
〒162-8711 東京都新宿区矢来町71
電話 編集部 03-3266-5611
読者係 03-3266-5111
https://www.shinchosha.co.jp
印刷所 株式会社光邦
製本所 大口製本印刷株式会社
乱丁・落丁本は、ご面倒ですが小社読者係宛お送りください。
送料小社負担にてお取替えいたします。

ISBN978-4-10-355931-3 C0095
価格はカバーに表示してあります。

本書のご感想をぜひお寄せ下さい。